Altes Kräuterwissen *wieder entdeckt*

Huile
d'Olive

CLAUDIA KÖLTRINGER

Mit über 150 Rezepten für Küche und Hausapotheke

Altes Kräuterwissen *wieder entdeckt*

Anbauen, ernten und verwenden

Was Sie in diesem Buch finden

Anhang

Vorwort

Liebe Leserinnen und Leser,

denken wir uns in eine Zeit zurück, als so gut wie jedes Leiden mit Heilkräutern kuriert wurde, da es schon aus finanzieller Sicht nicht möglich war, einen Arzt oder Bader aufzusuchen. In den meisten Fällen waren es die Frauen, die sich mit der Kraft der Pflanzen auseinandersetzten, da sie sich für das Wohl der Familie verantwortlich sahen. So entstanden viele wirksame Rezepte, die jahrhundertelang bewahrt und von den Müttern an ihre Töchter weitergegeben wurden. Im Zuge der modernen Medizin – und aufgrund der Tatsache, dass man heute eigentlich wegen jedes Zipperleins zum Arzt läuft – ging dieses Wissen mehr und mehr verloren. Dazu kommt, dass in unserer Zeit einige der wichtigsten Heilkräuter von damals (zum Beispiel Brennnessel, Taubnessel und die vielen Ampfer-Arten) als Unkraut gelten, die aus dem Garten verbannt werden sollten.
In diesem Buch, mit dem ich dieses uralte Wissen wieder aufleben lassen möchte, werden Sie ganz einfache Heilmittel entdecken. Sie werden feststellen, dass man zum Beispiel Fieber oder Husten mit Dingen zu Leibe rücken kann, die jede Hausfrau in ihrer Küche bzw. im Garten hat.
Wenn Sie Heilkräuter auf der Wiese oder aus dem Wald selbst sammeln wollen, um alte Hausmittel herzustellen, ist die Grundvoraussetzung, dass Sie Bescheid wissen, wie man die Pflanzen sammelt, wie die Kräuter getrocknet und aufbewahrt werden und wie man sie richtig anwendet.
Es ist auch kein Geheimnis, dass viele Beschwerden und Krankheiten erst gar nicht auftreten müssen. Man kann ihnen vorbeugen, indem man sich um eine gesunde Ernährung und natürliche Körperpflege bemüht. Aus diesem Grund habe ich auch eine ganze Reihe von Rezepten für Schönheitsmittel aus dem Kräutergarten für Sie zusammengetragen.
Unter den Kräuterporträts werden Sie sicher so manchen Namen entdecken, den Sie nur als Gewürz kennen, und vielleicht überrascht sein, dass dieses Kräutlein obendrein eine vorzügliche Heilwirkung besitzt.
Selbstverständlich finden Sie auch diverse Tipps und Tricks rund um den Anbau von Kräutern sowie viele, viele »Geheimnisse«, die aus dem Schatzkästchen meiner Großmutter stammen.
In einem weiteren Kapitel sind originelle Dekorationsideen mit Kräutern, die sich auch zu netten und persönlichen Geschenken verarbeiten lassen, gesammelt. Die Gaben unserer Natur lassen sich passend für jede Jahreszeit zu schönen und attraktiven Mitbringseln verarbeiten, seien es mit Kräutern gefärbte Ostereier, duftende Kräutersäckchen und aromatisierende Potpourris …
Ich wünsche Ihnen viel Spaß mit Ihrem neuen Kräuterbuch!

Ihre

Meine Bitte an Sie:
An dieser Stelle möchte ich ausdrücklich darauf hinweisen, dass die Naturheilkunde die Schulmedizin unterstützen, aber keinesfalls ersetzen kann.

Am Anfang war der Klostergarten

Wie kamen die Kräuter in den Garten?

Mönche weisen den Weg

Wenn man es ganz genau nimmt, ist die alte Kultur unserer Heilpflanzen- und Kräutergärten eng verbunden mit der Verbreitung des Christentums und der Ausbreitung der Klöster in Mitteleuropa. Wie weit die Mönche in Europa herumkamen, zeigen die Gestaltungselemente der römischen Gartenkultur, die man in den Gärten der ersten Klöster wiederfindet. Gleichzeitig kann man in unseren Gegenden kaum von einer eigenen alten Gartenkultur sprechen. Der Grund hierfür ist, dass die Bauern oftmals in großer Armut lebten und das Land durch Kriege und Völkerwanderungen zerrissen war. Was aber nicht heißen soll, dass unsere Vorfahren nicht um den Heilwert vieler Wildpflanzen wussten.
Und aus alten Aufzeichnungen ist bekannt, dass viele Pflanzen den verschiedensten Gottheiten der damaligen Religionen geweiht waren. Der Anbau von Nutzpflanzen umfasste im Wesentlichen nur wenige Gemüsearten, die als Grundnahrungsmittel dem täglichen Gebrauch dienten.
Den ersten großen Schritt in Richtung Kräutergärten brachte, wie bereits erwähnt, die Christianisierung, das heißt die Ansiedlung von Klöstern mit sich. Leider existieren nur noch sehr wenige Aufzeichnungen darüber, wie die Klostergärten früher aussahen. Sicher ist jedoch, dass sie ganz einfach, mit rechteckigen Beeten, gegliedert waren und ein Kreuz als Wegführung diente.
Besondere Erwähnung verdienen in diesem Zusammenhang die Benediktinermönche, denn sie waren es, die unsere Gartenkultur mit ihren Klostergärten prägten. Der heilige Benedikt formulierte nicht nur das berühmte »ora et labora« (Bete und arbeite), er stellte auch strenge Regeln für den Anbau von Kräutern und Gemüse auf. In dieser Zeit wird es wohl auch gewesen sein, dass die ersten Heilkräuter, die die Benediktiner von ihren Missionarstätigkeiten mit nach Hause brachten, in Gärten kultiviert wurden.
Leider gibt es heute nur noch ganz vereinzelt Klostergärten, die an diesen Ursprung erinnern. Dank der vielen Aufzeichnungen der Benediktiner sind jedoch Rezepte aus der Klostergärtnerei und der Klostermedizin erhalten – und werden in Volksmedizin und Naturheilkunde bis heute mit teils großem Erfolg angewandt.

Die Pflanzen der alten Klostergärten

Aufgrund alter Nachschlagewerke und Aufzeichnungen der Klosterbibliotheken weiß man heute ziemlich genau, welche Pflanzen in den Klostergärten angebaut wurden, und es erstaunt immer wieder, wie weitreichend das Wissen um die Heilwirkung damals schon war. Nachfolgend finden Sie eine Liste der bekanntesten und meistverwendeten Kräuter.
Es sei jedoch ausdrücklich darauf hingewiesen, dass die nachfolgend genannten Heilwirkungen der Pflanzen dem damaligen Wissensstand entsprechen und nicht dem aktuellen Stand der modernen Medizin.

Kräuter im klösterlichen Alltag

Nicht nur in der Natur- und Volksheilkunde, auch im Haushalt wurden seit jeher die Wirkstoffe von Pflanzen genutzt. Vor allem zur Herstellung und zum Färben von Stoffen hat man die unterschied-

lichsten Blatt- und Wurzelteile verwendet. Dieser Gebrauch findet sich häufig in den Pflanzennamen wie Färber-Waid, Färber-Ginster oder Färber-Hundskamille wieder. Interessant ist auch, dass Kräuter, denen in der Naturheilkunde wenig Beachtung geschenkt wurde, oftmals mit Tiernamen (z. B. Hundskamille) versehen wurden.
Darüber hinaus gab es auch für die Lebensmittelgewinnung wirksame Kräuter, zum Beispiel das Labkraut zur Herstellung von Käse und das Zinnkraut zum Putzen von Zinngeschirr, das zur damaligen Zeit sehr häufig in Gebrauch war.
Zu den im Mittelalter am häufigsten verwendeten Pflanzen zählt die Brennnessel. Nicht nur ihre Heilwirkung wurde hoch geschätzt und gepriesen, aus den Pflanzenfasern wurde früher auch der sogenannte Nesselstoff hergestellt, der freilich weit kratziger und weniger wärmend war als die heute weit verbreitete Baumwolle, die allerdings nicht in Europa heimisch ist.

Im vom Kreuzgang umfassten Atrium vieler mittelalterlicher Klöster wurden beschauliche Gärten angelegt, an denen sich die Mönche und Nonnen in ihrer freien Zeit erfreuten.

Mittelalterliche Heilkräuter von A bis Z

Diese Aufstellung zeigt: Offenbar ist wirklich gegen jede Krankheit ein Kraut gewachsen.

- **Bibernelle** *(Pimpinella saxifraga)*: schleimlösend; Magenmittel; bei Schwindsucht.
- **Borretsch/Gurkenkraut** *(Borago officinalis)*: stärkende Wirkung für das Herz und bei der Behandlung von Brustleiden und schleimigem Auswurf.
- **Dill** *(Anethum graveolens)*: appetitanregend; verdauungsförderndes Gewürzkraut; verleiht dem Manne neue Kraft.
- **Eibisch** *(Althaea officinalis)*: nur die Wurzel; Anwendung bei Hals- und Brusterkrankungen, fördert den Auswurf von Schleim.
- **Estragon** *(Artemisia dracunculus)*: für Salate und Essig; Küchenkraut und wirksames Mittel gegen Zahnschmerzen und Mundfäule.
- **Fenchel** *(Foeniculum vulgare)*: Küchenkraut; Anwendung bei Kopfschmerzen; schleimlösend; gegen Blähungen und Bauchschmerzen.
- **Gartenkresse** *(Lepidium sativum)*: Salat; Frischgewürz; steigert die Lust des einfachen Mannes.
- **Gemeine Nachtkerze** *(Oenothera biennis)*: die Samen wurden als Kaffee-Ersatz geröstet, die Wurzel als Gemüse verwendet.
- **Kerbel** *(Anthriscus cerefolium)*: Mittel zur Entschlackung und Blutreinigung im Frühjahr;

Borretsch war schon im Mittelalter als Schleimlöser bekannt.

unverzichtbares Kraut während der Fastenzeit.

- **Knoblauch** *(Allium sativum)*: appetitanregend, verdauungsfördernd; macht sauberes, dünnflüssiges Blut.
- **Koriander** *(Coriandrum sativum)*: Mittel gegen Magenschwäche und Würmer sowie gegen Schwindsucht; Brot- und Kuchengewürz.
- **Kümmel** *(Carum carvi)*: Magenmittel, verdauungsfördernd; Einreibemittel gegen verschiedene Hautparasiten.
- **Liebstöckel** *(Levisticum officinale)*: Küchenkraut; appetitanregend; schützt vor Hexen und finsteren Mächten; Wirkstoffe sollen auch aphrodisierend wirken.
- **Meerrettich** *(Armoracia lapatifolia)*: blutreinigendes, harntreibendes Mittel; gegen Skorbut; Einreibung bei Pest.
- **Muskateller-Salbei** *(Salvia sclarea)*: zur Aromaanreicherung des Messweines.
- **Petersilie** *(Petroselinum crispum)*: Magenmittel; harntreibend; Schwangerschaftsabbruch; Gewürz.
- **Salbei** *(Salvia officinalis)*: Heilmittel bei Rachenkatarrh, Entzündungen des Zahnfleisches; »Zahnbürste« des Mittelalters; früher auch Haarfärbemittel; Allheilmittel und Küchenkraut.
- **Sauerampfer** *(Rumex acetosa)*: gegen Skorbut, Magenkrankheiten, Schorf und Mundfäule; Küchenkraut für Salate und Suppen.
- **Schnittlauch** *(Allium schoenoprasum)*: Volksheilmittel bei Verdauungsproblemen; Küchenkraut.
- **Seifenkraut** *(Saponaria officinalis)*: die Wurzeln wurden als Seifenmittel verwendet.
- **Wegwarte** *(Cichorium intybus)*: bei Leber- und Nierenerkrankungen, auch als Wundheilmittel; die Wurzeln als Ersatz für Kaffee.
- **Wiesenknopf, Pimpinelle** *(Sanguisorba minor)*: schleimlösend; Magenmittel.
- **Zitronenmelisse** *(Melissa officinalis)*: beruhigende Wirkung; frisch als Tee; Küchenkraut.

Mittelalterliche Nutzpflanzen von A bis Z

- **Ackerschachtelhalm** *(Equisetum arvense)*: als »Zinnkraut« bekannt, Putzmittel für Metallgefäße.
- **Brennnessel** *(Urtica urens)*: ihre Fasern bilden das Ausgangsprodukt für Nesselstoff.
- **Echtes Labkraut** *(Galium verum)*: enthält Labferment zur Milchgerinnung und ist somit wertvoll bei der Käseherstellung.
- **Färber-Hundskamille** *(Anthemis tinctoria)*: Färbepflanze für wunderbar kräftige Gelbtöne; das Kraut wurde auch zum Auffrischen der Haarfarbe verwendet.
- **Färber-Ginster** *(Genista tinctoria)*: Färbepflanze für Stoffe und handgeschöpftes Papier.
- **Gemeine Goldrute** *(Solidago virgaurea)*: Färbepflanze für Stoff, verleiht ein zartes Hellgelb.
- **Schafgarbe** *(Achillea millefolium)*: Färbepflanze für zartes Gelb.
- **Seifenkraut** *(Saponaria officinalis)*: die Wurzel wurde lange Zeit zum Waschen von Wäsche oder beim Hausputz als Seifenersatz verwendet.
- **Stockrose/Stockmalve** *(Alcea rosea)*: Färbemittel für Tee und Wein.

Die Stockrose fehlte früher in keinem Kloster- und Bauerngarten.

Erste Schritte in Richtung Naturheilkunde

Vom Kloster- zum Bauerngarten

Nur kurz nach dem Einzug der Gartenkultur in die Klöster ging auch in den alten und bisher nur mit dem Nötigsten ausgestatteten Bauerngärten eine große Wandlung vor sich. Ein Grund dafür war sicher der Erfahrungsaustausch zwischen den Mönchen und den Frauen und Mägden der ländlichen Bevölkerung. Häufig weist der Bauerngarten auch heute noch ein Wegekreuz auf, wie es im Atrium des Kreuzganges üblich war. Die Bepflanzung der Bauerngärten blieb der Bäuerin überlassen, denn die Bewirtschaftung der Gärten war im Mittelalter generell Frauensache.

Im Klostergarten berührten sich Himmel und Erde. Die Mönche wussten um die vielfältigen Wirkungen der Heil- und Würzkräuter.

Überwiegend wurden Gemüse und Kräuter angebaut. Gemüsearten, die viel Platz fordern wie zum Beispiel Weißkraut, Kartoffeln und Rüben, wurden außerhalb des Gartens bzw. vor den Klostermauern angepflanzt.
Neben dem notwendigen Gemüse und Kräutern kultivierte man Blumen wie Malven, Stockrosen und Nelken für den Kirchenschmuck. Dabei fand mit Sicherheit ein reger Austausch von Saat- und Pflanzmaterial zwischen den Klöstern und das eine oder andere Mal auch Pflanzentausch mit dem Bauernstand statt. Angenehmes wurde mit Nützlichem verbunden.
Bis in die Gegenwart ist der Bauerngarten eine wunderschöne Mischung unterschiedlicher Nutz- und Zierpflanzen.

Heilkundige der Antike

Wer nun vielleicht denkt, dass Heilkräuter nur in Verbindung mit dem Glauben an ihre Heilkraft helfen, der täuscht sich gewaltig, denn mit der Heilkräuterkunde befassen sich die Menschen schon seit Jahrtausenden – und es ist unumstritten, dass die Bestandteile der verschiedenen Pflanzen Gutes tun. Über Hippokrates, den wohl berühmtesten Arzt der Antike, weiß man als Person eigentlich so gut wie nichts, doch die hippokratischen Schriften sind bis heute von unschätzbarem Wert. Sie informieren uns über das medizinische Wissen im 4. Jahrhundert vor Christus und dienten immer wieder als Vorlage für andere Bücher.

Hippokrates' Lehre war von der Grundidee her eigentlich ganz einfach und beruhte auf der Unterstützung der natürlichen Heilkraft, die jeder Mensch von Natur aus besitzt. Heilung erreicht man seinen Erkenntnissen zufolge über die Ernährung und vor allem über den Weg der Heilkräuter. Ein Prinzip bestand darin, bestimmte Nahrungsmittel zusammen mit Heilkräutern verstärkt zu sich zu nehmen, um dadurch eine gewisse Heilwirkung zu erzielen. Für die damalige Zeit eine grandiose Feststellung, die sich über die Jahrtausende immer wieder bewahrheitet hat.
Erwähnung verdient an dieser Stelle auch der griechisch-römische Arzt Galen. Er lebte im 2. Jahrhundert nach Christus, war einer der größten Bewunderer des Hippokrates und schrieb auch eigene Erfahrungen und Erkenntnisse nieder. Seine Lehre, die zum Beispiel empfahl, verschiedene Stoffe, sprich Kräuter, miteinander zu mischen, um eine gewünschte Wirkung zu erhalten, hat bis in unsere Zeit Bestand.
In unseren Breiten waren es wie bereits erwähnt vor allem die Klöster, die sich um die Kultivierung und die Erforschung der Heilpflanzen verdient machten. Die Benediktiner legten im frühen Mittelalter nicht nur ihre Kräutergärten an, sie beschäftigten sich auch sehr intensiv mit der Heilkraft der einzelnen Gewächse. Dies war sicher mit einer der Hauptgründe, warum das Mittelalter zu einer »Blütezeit« der Kräuter- und Heilpflanzenkunde wurde.

Nur wenige Menschen konnten sich im Mittelalter einen Arzt leisten.

Die Medizin im Mittelalter

Nach der Erfindung des Buchdruckes gab es verschiedene Kräuterbücher, bei denen es sich aber leider meist nur um schlechte Kopien der mittelalterlichen Werke handelte, die ihrerseits weitgehend verloren gingen. Einen wichtigen Apekt erfährt man indes aus allen diesen Aufzeichnungen: Die Anwendung der Medizin war früher nicht auf eine bestimmte Berufsgruppe beschränkt. Neben richtigen »Ärzten« konnte man Kräuterfrauen und sogenannte Bader konsultieren. Gefragt waren auch die Heilkünste der (Folter-)Knechte und Henker. Diese galten wohl vor allem deshalb als kompetent, weil sie durch ihre Folterpraktiken ein

Weit verbreitet waren in früheren Zeiten Scharlatane, die von Dorf zu Dorf zogen und den Menschen auf Jahrmarkten mysteriöse Wundermittel verkauften.

solides anatomisches Wissen erworben hatten und zudem von einer geheimnisvollen Aura umgeben waren.
Kranke aus sozial höher gestellten Gruppen konnten sich die Dienste von Heilern leisten oder suchten die Patres in den Klöstern auf. Schlechter erging es den einfachen Dorfbewohnern, die beispielsweise zum Zähneziehen zum Dorfschmied liefen. Leichte Krankheiten versuchte man zuerst selbst zu kurieren oder man fragte ein erfahrenes Familienmitglied. Es wurden ausschließlich Pflanzenheilmittel verwendet.
Im Mittelalter gab es noch wenige »studierte« Ärzte. Diese kannten jedoch die antike Heilkunde und konnten bereits schwierige Operationen durchführen.

Hildegard von Bingen

Der »Beruf« der Nonne spielte im frühen Mittelalter zunächst noch keine herausragende Rolle. Frauen erhielten im Kloster zwar eine solide praktische, jedoch keine geistliche Ausbildung, und weiblichen Glaubensgemeinschaften waren immer Priester eines benachbarten Klosters als Betreuer zugeteilt.
Als eine der wichtigsten Vertreterinnen des weltlichen Klosterlebens gilt die heilige Hildegard von Bingen (* um 1098; † 1179 im Kloster Rupertsberg bei Bingen), eine Vorreiterin eines umfassenden Kräuterwissens. Sie gehörte dem Orden der Benediktinerinnen an und war mit Sicherheit eine der bedeutendsten deutschen Mystikerinnen ihrer Zeit, die sich mit so unterschiedlichen Disziplinen wie Religion, Medizin, Biologie und Musik beschäftigte. Obwohl sie eine Frau war und im Mittelalter lebte, gelang es ihr, sich gegen herrschende Meinungen durchzusetzen und selbst bei Männern eine gewisse Zustimmung zu finden.
Die Bedeutung der heiligen Hildegard lässt sich schlecht auf bestimmte Aspekte reduzieren, da sich das Weltbild seit jener Zeit stark verändert hat. Sie wird allgemein jedoch als ein Mensch eingeschätzt, der durch eigene Denkansätze neue Impulse setzte und damit einen erweiterten, ganzheitlichen Blickwinkel ermöglichte.
Wegen ihres Glaubens und ihrer Lebensart wurde Hildegard von Bingen für viele Menschen zur Wegweiserin. Schon zu ihren Lebzeiten nannten viele sie eine Heilige. Hildegard bestärkte sie in dieser Meinung, indem sie sich in Bezug auf ihre theologischen und philosophischen Aussagen immer wieder auf Visionen berief. Damit sicherte sie nicht nur ihre Lehren insofern ab, als Frauen zu damaliger Zeit aus eigener Kraft nicht zu theologischen Kenntnissen in der Lage galten, sondern vermied es auch, als Hexe verbrannt zu werden.
Man weiß, dass Hildegard Mitte des 12. Jahrhunderts auch umfangreiche medizinische Abhandlungen verfasste. Im Gegensatz zu den religiösen Schriften sind hier jedoch keine zeitgenössischen Exemplare erhalten geblieben. Alle

Die bekanntesten Hildegard-Pflanzen

- **Akelei** *(Aquilegia vulgaris)*: früher bei Fieber und Milchschorf.
- **Betonie** *(Stachys officinalis)*: Universalheilmittel – die Heilwirkung dieser Pflanze wird laut moderner Forschungen nicht bestätigt!
- **Breitblättriger Wegerich** *(Plantago major)*: wirkt entzündungshemmend, ähnlich wie der Spitzwegerich.
- **Christrose** *(Helleborus niger)*: auch Schwarze Nieswurz genannt; Mittel gegen Pest; Beimischung in Schnupftabak.
- **Echter Ehrenpreis** *(Veronica officinalis)*: früher in der Volksheilkunde auswurfförderndes Mittel bei Atemwegserkrankungen.
- **Gamander** *(Teucrium-*Arten*)*: wirkt gegen Verstopfung, Husten, Volksheilmittel.
- **Gänsefingerkraut** *(Potentilla anserina)*: wegen des Gerbstoffgehaltes krampflösendes Mittel bei Darmkoliken und Menstruationsbeschwerden.
- **Gemeiner Odermennig** *(Agrimonia eupatoria)*: altes Heilmittel bei Blutungen und Magenleiden.
- **Johanniskraut** *(Hypericum perforatum)*: Wundheilmittel und Beruhigungsmittel.
- **Lavendel** *(Lavandula angustifolia)*: Beruhigungsmittel und harntreibendes Mittel; auch gegen Motten und Ungeziefer wirksam.
- **Liebstöckel** *(Levisticum officinale)*: verdauungsfördernd, wassertreibend; die Wurzel wurde für einen Liebestrank genutzt, außerdem gegen Pest eingesetzt.

Hildegard von Bingen hat in ihren Werken die Weinraute ausführlich beschrieben. So soll sie zum Beispiel gegen Wechselbeschwerden helfen.

- **Lungenkraut** *(Pulmonaria officinalis)*: früher Anwendung bei Lungenerkrankungen.
- **Malve** *(Malva sylvestris)*: schleimlösende Wirkung.
- **Mariendistel** *(Silybum marianum)*: Mittel bei Lebererkrankungen, Brechmittel.
- **Nelkenwurz** *(Geum urbanum)*: früher Fiebermittel.
- **Pfennigkraut, Egelkraut** *(Lysimachia nummularia)*: wundheilend; früher gegen Schwindsucht und Frauenleiden.
- **Rauke** *(Ruta graveolens)*: Die Blätter der Rauke erinnern an Rettiche, Radieschen oder Speiserüben. Vor allem der hohe Anteil an den Mineralstoffen Kalium, Calcium, Phosphor, Natrium und Eisen, Provitamin A sowie Vitamin C ist erwähnenswert. Die Rauke wirkt belebend auf den Organismus.
- **Ruprechtskraut** *(Geranium robertianum)*: früher Mittel gegen Durchfall, Magen- und Darmentzündung.
- **Schlüsselblume** *(Primula veris)*: schleimlösend und auswurffördernd.
- **Spitzwegerich** *(Plantago lanceolata)*: Wundheilmittel; gequetschte Blätter sehr wirksam bei juckenden Mückenstichen; Anwendung bei Erkältungskrankheiten.
- **Thymian/Quendel** *(Thymus serpyllum)*: Hustenmittel, da beruhigende Wirkung; verdauungsfördernd; Küchenkraut.
- **Tüpfelfarn** *(Polypodium vulgare)*: schleimlösendes und auswurfförderndes Mittel, sollte vor dem Teufel schützen.
- **Wurmfarn** *(Dryopteris filix-mas)*: Wurzelstock wurde als Mittel gegen Wurmbefall und Rheuma verwendet.
- **Ysop** *(Hyssopus officinalis)*: Mittel gegen Asthma, Zahn- und Ohrenschmerzen.

Die Hildegard-Lehre beruht auf einer ganzheitlichen Lebensauffassung mit gesunder Ernährung und Regeln, die auch heute noch den Weg zu einem ausgeglichenen Lebensrhythmus weisen.

zitierten Texte stammen aus späteren Zeiten (13. bis 15. Jahrhundert). Heute sind insgesamt 13 Schriften bekannt, die Hildegard als Verfasserin angeben, wobei die Richtigkeit dieser Angaben natürlich nicht mehr überprüft werden kann und diese enthaltenen Aussagen somit umstritten sind.
Der Begriff Hildegard-Medizin wurde als Marketing-Begriff im 20. Jahrhundert eingeführt und wird heute leider europaweit teils zur Vermarktung von Dingen missbraucht, die Hildegard von Bingen niemals gutgeheißen hätte. Der Gedanke der Einheit und Ganzheitlichkeit ist ein wichtiger Schlüssel zu Hildegards natur- und heilkundlichen Schriften. Diese sind ganz davon geprägt, dass Heil und Heilung des kranken Menschen nicht nur von der Hinwendung zum Glauben, sondern auch von der Natur ausgehen kann.

Rezepte nach Hildegard von Bingen

Bei meinen Recherchen in Sachen Hildegard von Bingen bin ich auf einige interessante Rezepte gestoßen, die ich Ihnen keinesfalls vorenthalten möchte. Hier eine Auswahl – wobei angemerkt sein soll, dass sich das eine oder andere Hausmittelchen eher skurril anhört und ich nicht mit absoluter Sicherheit sagen kann, ob alle auch wirklich der Gesundheit dienlich sind.

Husten-Mittel

Dieses Mittel wirkt sehr gut, auch bei chronischem Husten.

Zutaten:
40 Pflaumenkerne
250 ml Wein

Das Heilmittel setzt sich aus zwei Bestandteilen zusammen, die wie folgt zubereitet und eingesetzt werden:
• **Kauen von Pflaumenkernen:** Die Pflaumenkerne mit einem Nussknacker aufknacken und die

inneren Kerne 1 bis 2 Tage in Wein quellen lassen, bis sie gut dick geworden sind. Von diesen Kernen täglich 2 bis 6 Stück kauen.

- **Suppe aus Pflaumenkernen:** 6 gequollene Pflaumenkerne fein hacken und mit 3 EL Wein vor dem Einweichen versetzen. Dazu Dinkelmehl und Wasser geben und eine Suppe kochen. Diese Suppe wird einmal täglich gegessen. Nach 3 bis 7 Tagen sollte der Husten verschwunden sein.

Einreibung gegen schlechte Laune

2- bis 3-mal täglich Schläfen, Brust und Magengegend mit frisch gepresstem Fenchelsaft einreiben. Die Behandlung muss über einen längeren Zeitraum durchgeführt werden.

Haarausfall-Spülung aus dem Pflaumenbaum

Für die Spülung wird eine Lauge benötigt, die man wie folgt herstellt: Rinde und Blätter des Pflaumenbaumes verbrennen. Die Asche fein zerrieben in einem Gefäß aufbewahren.
Zum Gebrauch 1 EL der Asche in 1 Liter Wasser aufrühren und mehrmals täglich kräftig schütteln. Nach einigen Stunden abfiltrieren und mit dieser Lauge nach jedem Waschen des Kopfes die Haare spülen. Die Spülung nicht auswaschen, sondern auf dem Kopf trocknen lassen.

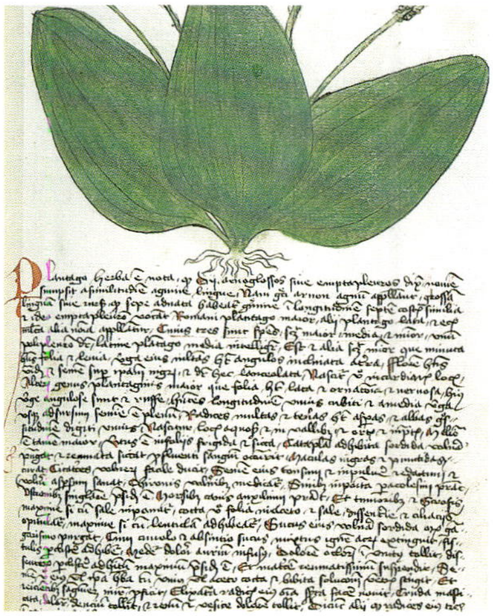

Und wer an dreitägigem Fieber leidet, der nehme Wegerich … (Hildegard von Bingen).

Insektenstich-Auflage

Schmerzen von Insektenstichen werden sehr schnell gelindert, wenn man ein Blatt des Spitz- oder auch des Breitwegerichs zwischen den Fingern zerreibt und auf die betreffende schmerzende Stelle auflegt. (Dieses Verfahren funktioniert tatsächlich!)

Magenschmerzen-Brei

Zutaten:
5 Edelkastanien
125 ml Wasser
etwas Dinkelfeinmehl
1 gehäufter TL Süßholzpulver
1 gestrichener TL Engelsüß
(pulv. aus der Apotheke)

Zubereitung: Die Kastanien werden in Wasser weich gekocht und mit einer Gabel zerdrückt. (Wichtig: Kastanien im heißen Wasser zerdrücken.) In einem separaten Behältnis mischt man die restlichen Zutaten, rührt etwas von dem Kastanienwasser ein und verknetet alles zu einem festen Teig. Diesen Teig in die zerquetschten Kastanien einfüllen und alles nochmals kurz aufkochen.
Dieser Brei soll, täglich gegessen, sehr wirksam bei Magenschmerzen sein.

Achselschweiß- und Mundgeruch-Mittel

Mundgeruch und Körpergeruch werden beseitigt, indem man morgens nüchtern Fenchelfrüchte oder Fenchelsamen verzehrt.

Der Fenchel macht den Menschen fröhlich und vermittelt angenehme Wärme (Hildegard von Bingen).

Hilfe bei Rückenschmerzen

Zubereitung: 500 g Weizenkörner kochen, bis sie mittelweich (»al dente«) sind. Gut abtropfen lassen und auf einem Leinen- oder Baumwolltuch verteilen (bitte legen Sie eine Plastikfolie unter). Jetzt legt man sich mit dem Rücken auf die Weizenkörner. Die Körner sollten so heiß wie möglich verwendet werden, soweit es eben noch angenehm ist. Man wickelt sich in ein Leinentuch ein, deckt sich zusätzlich mit einer Decke zu und bleibt 3 Stunden darauf liegen.
Das Verfahren soll 3 bis 5 Tage lang täglich angewandt werden.

Schnupfen-Inhalation

Zubereitung: 2 bis 3 Körner weißen Weihrauchs auf der heißen Ofenplatte (auf einem Stück Alufolie!) verräuchern. Die entstehenden Dämpfe werden vorsichtig durch die Nase eingeatmet.
Dieses Mittel ist sehr wirkungsvoll gegen einen Schnupfen im Anfangsstadium.

Die Lehre des Paracelsus

In dem kleinen Ort Beratzhausen (Oberpfalz, Bayern) erinnert heute noch ein Denkmal an Paracelsus. Hier lebte er und verfasste um 1530 auch zwei seiner Hauptwerke. Die Medizin nach Paracelsus basiert auf Natur- *und* Gotteserkenntnis. Zum Verständnis der Dinge und damit auch der Krankheiten und ihrer richtigen Behandlung ist laut Paracelsus die Betrachtung des Großen und Ganzen notwendig: *»Denn der Mensch kann nur vom Makrokosmos aus erfasst werden, nicht aus sich selbst heraus. Erst das Wissen um diese Übereinstimmung vollendet den Arzt.«*
Für Paracelsus war der materielle Körper lediglich ein Teil des für den gewöhnlichen Betrachter zu großen Teilen nicht sichtbaren vollständigen Körpers. Wer jedoch durch stetige Arbeit an sich selbst der göttlichen Erleuchtung und damit des göttlichen Feuers teilhaftig würde, der könne die Welt mit anderen Augen, d. h. »im Lichte der Natur« sehen und nur der würde auch zum Arzt taugen, denn: *»Es ist verfehlt, in der Medizin sein Wissen vom Hörensagen und Lesen zu schöpfen … Die Naturkraft im Feuer sei auch unser Lehrmeister.«*

Eine vielzitierte Aussage von Paracelsus lautet: »All Ding' sind Gift und nichts ohn' Gift; allein die Dosis macht, dass ein Ding kein Gift ist.«

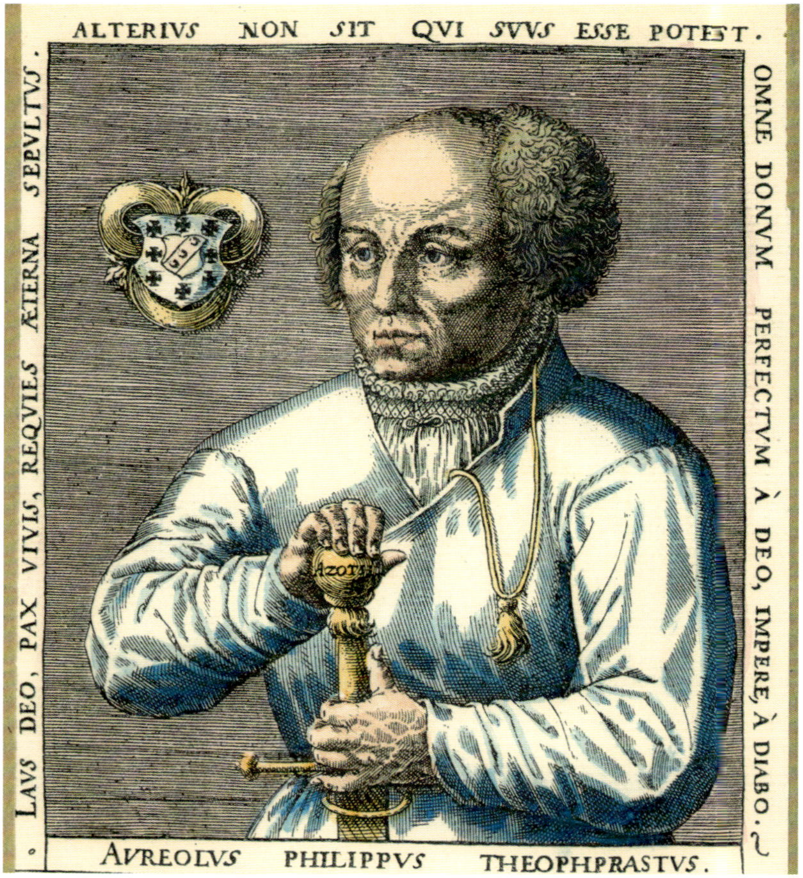

Kräuterzauber und Aberglaube

»Vollmond. Dichte Nebelschwaden umhüllen eine einsame Waldlichtung. Grünlicher Dunst steigt aus einem großen Kupferkessel und hüllt die Lichtung und die Nacht in ein geheimnisvolles Licht.
Der würzige Duft von Alraune, Lavendel, Salbei und Tollkirsche durchtränkt die Luft – alles Zutaten für einen Liebeszauber …«

Wer jetzt glaubt, wir befinden uns im Mittelalter, als Hexen mit magischen Elixieren mystische Zauber beschworen, Flugsalben und Liebestränke mixten, der irrt. In fast jedem Garten findet man viele verborgene Zauberkräuter – wenn auch heute nicht mehr, um Liebestränke zu brauen, sondern um sich an der Tradition und an der Farbenpracht zu erfreuen.
Ich sammle seit langem solche Aberglauben-Tipps und möchte sie Ihnen nicht vorenthalten – Sie sollten Sie aber bitte auch mit einem Augenzwinkern lesen.
Eines ist sicher: Der Aberglaube rund um Kräuter hat eine ebenso lange Geschichte wie die Naturheilkunde und die Kräutergärten. Die Christianisierung bemühte sich zwar, hier Schranken zu setzen, konnte aber nicht ganz den Glauben der nichtchristlichen Kulturen verdrängen. Zunächst wurden Pflanzen, die in Verbindung mit der »heidnischen« Kultur gebracht wurden, als Teufels- und Zauberwerk verboten.

Einige Bräuche und deren symbolische Bedeutungen fanden aber auch Eingang in die Heilpflanzen- und Gartenkultur der Klostergärten. Im Salzburger Land, in Tirol, im Vorarlberg und in Bayern beispielsweise wird heute noch der Brauch des Bindens von »Palmbuschen« für den Palmsonntag gepflegt.

Wider das Böse und für das Gute

Viele verschiedene Pflanzen sollten gegen Verzauberung und Verhexung helfen, beispielsweise der Beifuß, die Eberraute und der Dost (Wilder Majoran). Die **Hauswurz** auf dem Dach bewahrte angeblich vor Blitzschlag, und die **Ringelblume** gilt auch heute noch vielerorts als Wetteranzeiger.
Manchen Kräutern wird die Wirkung des großen Liebeszaubers zugeschrieben, zum Beispiel **Liebstöckel, Senf** und **Dill**. So gab man Mädchen, die einfach keinen passenden Ehemann finden konnten, den Rat, sich Liebstöckelblätter in den Schuh zu stecken – am kommenden Kirchsonntag würde dann der richtige Bräutigam ihren Weg kreuzen. Ich persönlich kann mir freilich nicht vorstellen, dass dies sonderlich gut funktioniert hat, denn wer den einzigartigen Geruch des Liebstöckel kennt …

»Auf dem Dach eines Hauses hat man als Blitzschutz die Hauswurz zu pflanzen!« – So steht es in vielen Kräuterbüchern des Mittelalters.

Die Pusteblume – das sind die Fruchtstände des Löwenzahns. Seine flockigen weißen Schirmchen, an dessen »Stiel« der Samen hängt, haben Maler und Dichter inspiriert.

Ein anderer Brauch war, der Braut am Tag der Hochzeit einen Strauß mit **Dill** und **Senf** sowie ein Zettelchen mit folgenden Zeilen unter das Kopfkissen zu legen:
»Hab' ich Senf und hab' ich Dill, muss der Mann machen, was ich will.«
In diesem Fall bin ich mir sicher, das wäre einen Versuch wert, denn dieser Spruch könnte auch heute noch für manche Frauen von großem Interesse sein!
Auch der **Frauenmantel**, so harmlos er aussieht, sollte eine große magische Wirkung haben. Die morgendlichen Tautropfen auf der Blattoberseite waren früher eine Zutat, um den Stein der Weisen herzustellen. Mancherorts wurden die Tautropfen in kleinen Behältern gesammelt und an einer Kette um den Hals als Zeichen großer Weisheit getragen.
Eng mit dem Volksglauben verknüpft war und ist vielerorts noch das **Johanniskraut**. Es diente als eines der wirksamsten Mittel gegen Zauberei und Anfechtungen des Teufels. So gibt es im Salzburger Lungau mancherorts noch einen alten Brauch, um den Viehstall vor Krankheiten zu schützen. Und das funktioniert so: *»Der Bauer legt Johanniskraut zwischen zwei Scheiben Brot und gibt sie dem Vieh zu fressen. Das Johanniskraut muss dazu aber am Johannistag vor Sonnenaufgang oder zur Mittagsstunde gesammelt werden.«*

Unser altbewährter **Salbei** gehörte zu den wirksamsten Liebeskräutern des Mittelalters. Zu Pulver gemahlene, getrocknete Blätter, auf die vorher der Name des oder der Liebsten geritzt wurde, sollen die beiden zusammenführen, wenn das Salbei-Pulver unters Essen gemischt wird. Man kann es durchaus versuchen, vielleicht funktioniert es ja wirklich.
Nicht selten offenbarten die unscheinbarsten Pflanzen die scheinbar größten Wirkungen. So sollten **Brennnesselsamen** »feurig in der Liebe« machen, **Gänseblümchen** Trost in schweren Tagen spenden und die schon den kleinsten Kindern wohlbekannte **Pusteblume** (der Löwenzahn) als Orakel verborgene Geheimnisse an den Tag bringen: Aus der Anzahl der Samen, die nach dem Pusten am Stängel bleiben, ergibt sich, wenn man es glauben mag, zudem die Zahl zukünftiger Kinder oder die Jahre bis zur Hochzeit.
Ebenso war man viele Generationen lang der Meinung, Liebe, Erfolg und Schutz würden von speziellen Pflanzenkombinationen beeinflusst, die zusammengenommen spezielle Kräfte entfalten.
Nicht fehlen durften in einem »echten« Zaubergarten **magische Symbole**. Der Kreis bedeutete Beständigkeit und Schutz, in einem kreisförmigen Beet konzentrierten sich die Kräfte. Dreieckige Formen dagegen stehen für Bodenständigkeit und Realitätssinn. Auch wenn man darüber schmunzeln mag – in vielen alten Bauerngärten werden diese Symbole bei der Einteilung

der Beete auch in der heutigen Zeit noch berücksichtigt.
Wie schon zu Beginn angeführt, habe ich dieses Kapitel mit einem Augenzwinkern geschrieben, aber die unten angeführten Pflanzenbeispiele sind wunderschön blühende Gestaltungsideen für Ihren Kräuter- und Blumengarten: mit einem Schuss Tradition und einer kleinen Portion Mystik.

Schutzpflanzen

Alten Aufzeichnungen nach gibt es eine Vielzahl von Kräutern, denen »Schutzgeister« innewohnen.
• Eine der bekanntesten Schutzpflanzen ist das **Johanniskraut**. Es schützt Haus und Hof samt seinen Bewohnern vor jeder Art von Unheil.
• **Beifuß** soll Hass und Neid abwehren.
• Die **Schafgarbe** gilt als Schutzmittel für Tiere.
• **Oregano**, vor der Haustüre gepflanzt, schützt vor dem neidigen Blick des Nachbarn und hält alle finanziellen Sorgen fern.

Ein Körnchen Wahrheit ist immer dabei

Im Mittelalter war man davon überzeugt, dass zum Beispiel der **Knoblauch** böse Geister abhalte und vor Infektionen schütze. Heute weiß man, dass Knoblauch wegen seines hohen Schwefelgehaltes tatsächlich antibakteriell wirkt und aufgrund der durch zu viel Knoblauchkonsum entstehenden Ausdünstung sicher auch ein Fünkchen Wahrheit darin steckt, dass er böse Geister (oder Menschen?) auf Abstand hält.
So gibt es für eine Vielzahl uralter Pflanzenbräuche und deren angebliche Wirkungsweise als Liebes- und Zauberkräuter eine wissenschaftliche Erklärung.

Sonnenblumen sind »Tagblüher«. Sie brauchen mehr als 14 Stunden Licht, um ihre Blüte zu entfalten.

Glück und Erfolg bringende Kräuter

• **Thymian** zieht das Glück ins Haus.
• Die Kraft der **Sonnenblume** sorgt für gutes Gelingen in allen Lebensbereichen.
• **Rosmarin** ist der Garant für steten Reichtum.

Liebeszauber-Pflanzen

Eine Kombination aus Lavendel, Ringelblumen und Salbei wirkt scheinbar bei Liebes- und Herzangelegenheiten.
• **Ringelblumen** begünstigen einen Neubeginn.
• **Salbei** lindert Liebeskummer.
• Und **Lavendelblüten** ebnen den Weg zum ersehnten Traumpartner.
• **Basilikum** war vor allem im südlichen Italien ein Muss in jedem Kräutergarten. Wer seiner Liebsten am letzten Abend vor Vollmond ein Sträußchen davon schenkt, konnte in früherer Zeit sicher sein, in Liebesdingen erhört zu werden.

Und noch mehr Aberglauben

Nachfolgend eine Auflistung der bekanntesten »Aberglaubenpflanzen«. Weitere Informationen zu Hexen- und Zauberpflanzen bzw. den damit zusammenhängenden Bräuchen finden Sie im Porträtteil auf Seite 91–97. Dort stehen übrigens auch Rezepte für einen Liebeslikör, eine Liebessuppe und Ähnliches mehr …

Aberglaubenpflanzen

- **Aronstab** *(Arum maculatum)*: Soll früher gegen Faltenbildung geholfen haben, was ich mir aufgrund der Inhaltsstoffe eigentlich nicht vorstellen kann, und den Liebeszauber fördern. ☠
- **Beifuß** *(Artemisia vulgaris)*: Sollte vor dem bösen Blick, Hexen und Aberglauben schützen. Beifuß wurde schwangeren Frauchen auf den Leib gebunden, damit die Geburt schnell und problemlos verlaufe, und kleinen Kindern unter das Kopfpolster gelegt, damit schlechte Träume von ihnen fernbleiben.
- **Eberraute** *(Artemisia abrotanum)*: Krampf- und Magenmittel, Zaubermittel gegen den Teufel sowie Bestandteil der Flugsalben.
- **Efeu** *(Hedera helix)*: Um den Hals gelegt, sollten Efeukränze in der Antike gegen die Folgen der Trunkenheit helfen.
- **Eisenkraut** *(Verbena officinalis)*: Früher harntreibendes Mittel; bekanntes Liebes- und Zaubermittel, das in Liebestränken Hauptbestandteil war.
- **Herbstzeitlose** *(Colchicum autumnale)*: Schützt vor Hexen, früher auch gegen so manches Wehwehchen angewendet. Die Betroffenen dürften diese Behandlung aber nicht überlebt haben, da die Herbstzeitlose extrem giftig ist. ☠
- **Oregano** *(Oreganum vulgare)*: Zauberpflanze gegen Teufel und böse Blicke neidischer Frauen.
- **Ringelblume** *(Calendula officinalis)*: Wetteranzeiger (Blüten schließen sich bei schlechtem Wetter). Kleinen Kindern legte man gleich nach der Geburt eine Blüte ins Händchen, damit ihr Leben sonnig sein möge.

Salbei *(Salvia officinalis)*: Sollte vor Dämonen und Liebeszauber schützen; im Mittelalter Färbe-

Die Herbstzeitlose hat einen ungewöhnlichen Lebenszyklus: Die Blätter erscheinen im Frühling, die Blüten allerdings erst im Herbst.

☠ Vorsicht Giftpflanze!

mittel für rothaarige Frauen (rote Haare waren angeblich das Merkmal einer Hexe).

- **Silberdistel/Wetterdistel** *(Carlina acaulis)*: Wetteranzeiger; bei Trockenheit öffnen sich die Hüllblätter, bei Feuchtigkeit bleiben sie geschlossen – stimmt tatsächlich!
- **Winterbohnenkraut** *(Satureja montana)*: Auch Pfefferkraut genannt; ein Küchengewürzkraut, das Liebeszauber fördern soll. Ein Fünkchen Wahrheit ist sicher an diesem Aberglauben, denn das Bohnenkraut gilt tatsächlich als anregend und aphrodisierend.
- **Wurmfarn** *(Dryopteris filix-mas)*: Macht angeblich unsichtbar.

Ich möchte aber an dieser Stelle ausdrücklich darauf hinweisen, dass man insbesondere giftige Pflanzen wie **Fingerhut**, **Aronstab** und **Tollkirsche** kennen sollte, bevor man sie in den eigenen Garten pflanzt, da viele als solche bezeichnete »Zauberkräuter« auch sehr giftig sind. Vorsicht ist besonders geboten, wenn Kinder im Garten spielen. Es gibt genügend ungefährliche Liebes- und Zauberkräuter, die nicht weniger geheimnisvoll wirken.

Der rote Fingerhut war eine der ersten mittelalterlichen Arzneipflanzen. Achtung! Er enthält Digitalis und ist hochgiftig!

Ein eigener Kräutergarten

Die ersten Schritte in Sachen Kräuter

Ein Experiment beginnt

Vor rund fünfzehn Jahren wurde endlich unser lang ersehntes Häuschen im wunderschönen Waldprechting fertiggestellt, das ist ein kleiner Ortsteil von Seekirchen im Salzburger Land. Mich begeisterte von Anfang an nicht nur das eigene Grundstück, sondern auch das Umland mit vielen Wiesen, Feldern und Wäldern. Nun konnte ich endlich in der Natur und mit der Natur leben und all die Tipps und Erfahrungen ausprobieren, die mir von meiner Familie mitgegeben worden waren.
Mein Wunsch war, ein richtiges Kräuterrefugium einzurichten. Den Anfang sollte mein großer Kräutergarten an der Nordseite unseres Grundstückes bilden.
Leider war vor fünfzehn Jahren die Auswahl an Kräuterpflanzen für den Garten noch mehr als spärlich; umso mehr freute ich mich, als ich letztendlich die monatelang gesuchten damaligen »Exoten« unter den Kräuterpflanzen – Ysop, Zitronen-Thymian, Rosmarin, Anis-Ysop – sowie meine heiß geliebten Englischen Duftrosen nunmehr in meinem eigenen Kräutergarten ansiedeln konnte.

In den darauffolgenden Jahren wurde ich immer experimentierfreudiger und mutiger und legte auch einen Duftkräutergarten sowie meinen mystischen Hexenkräutergarten an. So ergab es sich fast von selbst, dass immer mehr Spaziergänger neugierig über unseren Gartenzaun blickten und Interesse an meinen Kräutern zeigten. Daraus wiederum wurde meine Idee geboren, Kräuterwanderungen, Kurse und Seminare rund um das umfangreiche Thema Heil-, Würz- und Duftkräuter anzubieten. Anfangs belächelten mich unsere Nachbarn nachsichtig. Als sie dann aber den großen Erfolg sahen, verstummten auch die letzten Spötter.
Das Leben und die Arbeit mit Kräutern ist für mich mehr als nur ein Broterwerb. Es ist eine Leidenschaft, und ich glaube behaupten zu dürfen, dass ich eine der wenigen bin, die das Glück hat, ihr Hobby zum ausfüllenden Beruf zu machen.

Mit der Natur, nicht gegen sie

Als mein heiß ersehnter Kräutergarten vor fünfzehn Jahren soweit fertig war, hatte ich noch nicht sonderlich viel Erfahrung mit der Materie »praktischer Kräuterbau«. Nach anfänglichen Schwierigkeiten – manche Pflanzen wollten einfach nicht so gedeihen, wie ich es gerne gesehen hätte – eignete ich mir nach und nach fundierte Kenntnisse im Anbau von meinen geliebten Kräutern an und lernte auf langen Spaziergängen die Pflanzen der Wälder und Wiesen näher kennen. Außerdem fragte ich mich bei anderen Gärtnern und den Bäuerinnen unserer Gegend durch. Die Auskünfte, die ich dabei in Sachen Gartenbau bekam, waren eigentlich immer die gleichen: Man muss düngen, am besten mit Blaukorn; Rasen und Wege müssen mit Unkrautvernichtern behandelt werden, und gegen Schädlinge nimmt man Spritzmittel. Auch die Gartenbücher, in denen ich mich zu informieren suchte, enthielten diese Hinweise.
Aber mir kamen sehr schnell Zweifel. Diese Form des Gärtnerns erschien mir wie ein ständiger Kampf. Die Gärtner versuchten offensichtlich, sich gegen eine feindliche Natur zu wehren und ihr etwas abzutrotzen. Ich aber wollte nicht ständig im Krieg mit meinem Garten

Mein Kräutergarten leistet nicht nur einen wichtigen Beitrag zur Versorgung meiner Familie, hier blühen auch Kräuter und Blumen in buntem Nebeneinander.

liegen und dabei mein Grundstück vergiften. Außerdem wollte ich meine Kräuter nicht nur beriechen und betrachten, sondern köstliche Tees und Gewürzmischungen daraus bereiten – deshalb sollten meine Zutaten nicht mit Herbiziden und Dünger belastet sein.
So sah ich mich nach Alternativen um und kam bald auf den naturnahen Gartenbau. Seit vielen, vielen Jahren hat mein Garten nun weder Kunstdünger noch Gift gesehen. Inzwischen habe ich hier noch nicht einmal die angeblich so sanften chemischen Vernichtungsmittel nötig, denn die Natur gibt uns so viele Möglichkeiten, Blattlaus und Co. auf natürlichem Wege in Schach zu halten. In einem naturnahen Garten greift eins ins andere. Es entsteht eine geschlossene Lebensgemeinschaft, ein Kreislauf, der die Natur intakt erhält. Wenn man es langfristig betrachtet, kuriert ein solcher Garten sich immer wieder selbst.

Tipps zu Kauf und Standort

Hat man sich einmal dazu entschlossen, einen eigenen Kräutergarten anzulegen, dann treten sicher ein paar Fragen auf: »Wie mache ich das?« und »Worauf muss ich achten?«. Die eigentlichen Pflegehinweise finden Sie weiter hinten im Kapitel »Großmutters Praxiswissen« auf den Seiten 98–117.

Kräuter kaufen oder teilen?

Hier nur in aller Kürze das Wichtigste zu Kauf, Pflanzenwahl und Standortfrage.
Beim Kauf von Kräuterpflanzen sollte man daran denken, dass die Pflanze nicht unbedingt tadellos aussehen muss. Gesund allerdings sollte sie schon wirken, denn sie soll später im Garten ja auch robust sein und nicht schon gleich bei den ersten Regentröpfchen oder nach der Ernte eingehen.
Ein gutes Beispiel ist der Basilikum. Man kann ihn in Töpfchen in fast jedem Lebensmittelgeschäft kaufen. Nach einmaligem Abpflücken verkümmert er aber meist und verabschiedet sich bis auf einige

Im Topf gekaufte Kräuter sollte man möglichst bald teilen.

braune verwelkte Stängel. Ich teile das gekaufte Basilikum immer gleich auf zwei oder sogar drei weitere Töpfchen auf. Die einzelnen Pflanzen haben dann mehr Platz und treiben üppig wieder nach.

Welcher Boden für welche Pflanze?

Die meisten Kräuter sind vollkommen unkompliziert bezüglich ihrer Pflege und können problemlos nebeneinander angepflanzt werden. Auch für die Größe eines Kräutergartens gibt es keine Beschränkungen. Jeder Quadratmeter Garten kann problemlos in ein wunderbar duftendes Kräutergärtlein verwandelt werden. Wichtig ist nur, dass Sie sich an einige »Spielregeln« halten, denn die schönsten Pflanzen gedeihen nicht, wenn man ihnen nicht das Substrat bzw. die Lebensbedingungen bietet, das sie für ihr Wachstum benötigen.

Sandige Böden

Generell halten sandige Böden so gut wie kein Wasser. Sie besitzen außerdem fast keine Nährstoffe. Werden welche von außen zugeführt, so werden sie in den Untergrund transportiert und dann ausgeschwämmt – sind also für die Pflanzen nicht mehr verfügbar. Durch Beimischung von Kompost lässt sich die Nährstoffsituation etwas verbessern. Sandboden ist ideal für mediterrane Kräuter wie: Bohnenkraut, Borretsch, Estragon, Fenchel, Koriander, Lavendel, Oregano, Thymian.

Der Thymian treibt jedes Jahr wieder aus und duftet würzig vor sich hin.

Lehmige Böden

Lehmige Böden sind für fast alle Kräuter der ideale Lebensraum, da sie sehr nährstoffreich sind und auch gut entwässern. Trockene, lehmige Böden sind der Lieblingsstandort aller sonnenliebenden Kräuter, die mit wenig Wassergaben sehr gut zurechtkommen. Außerdem hat man fast keine Arbeit mit der Bodenbearbeitung. Hin und wieder etwas aufhacken genügt in den meisten Fällen. Düngen ist nicht erforderlich. Diese Kräuter wachsen gern auf Lehmboden:
Basilikum, Dill, Fenchel, Koriander, Kümmel, Lorbeer, Thymian, Rosmarin, Salbei.

Tonige Böden

Diese Böden fordern vom zukünftigen Kräutergärtner sehr viel Aufmerksamkeit, da sie schnell verkrusten bzw. verklumpen und nach dem Winter lang anhaltend nass bleiben. Das Wasserhaltevermögen der engen Poren ist allerdings so groß, dass die Pflanzen oft das Wasser nicht mit ihren Wurzeln heraussaugen können. Viele tief wurzelnde Kräuter kommen mit Tonböden ganz gut zurecht: Alant, Beinwell, Liebstöckel, Wermut.

Staunasse Böden

Hier verhindert eine wasserundurchlässige Schicht im Untergrund, dass das Wasser abfließt. Um ihn etwas aufzubereiten, kann man grobkörnigen Sand unterarbeiten. So kann das Wasser besser abfließen und der Grobporenanteil wird erhöht. Versuchen Sie diese Arten: Baldrian, Bärlauch, Minze-Arten.

Passende Kräuter kombinieren

Schon bei Kauf und Pflanzung gilt es auch darauf zu achten, welche Kräuter miteinander harmonieren, damit man nicht später böse Überraschungen erlebt. Bei den Kräuterporträts im nächsten Kapitel ist bei der jeweiligen Pflanze immer angeführt, wenn sie sich mit bestimmten anderen Arten nicht versteht. Der Lavendel zum Beispiel braucht viel Platz um sich, damit er schön buschig wachsen kann. Ebenso ist es mit dem Wermut, der ein alter Griesgram ist und schon deshalb alleine stehen sollte.

Am interessantesten ist das Verhältnis zwischen Majoran und Thymian. Die meisten Kräutergärtner-Anfänger pflanzen die beiden nebeneinander. Das liegt wahrscheinlich daran, dass sich ihre Namen so ähneln. Auch mir ging es so! In Wahrheit aber können sich die beiden absolut nicht ausstehen, und im Kräutergarten zieht der Majoran immer den Kürzeren, geht früher oder später ein. Auch in der Küche sollte man Majoran und Thymian nicht gemeinsam zum Kochen verwenden.

Andererseits gibt es natürlich auch viele einander fördernde Pflanzengemeinschaften. Wer mit wem besonders gut kann, finden Sie in der nebenstehenden Tabelle.

Der Majoran wird gern mit dem Thymian zusammen gepflanzt – wahrscheinlich liegt das in der Namensähnlichkeit. Beide können sich aber nicht ausstehen!

Harmonische »Wohngemeinschaften«

Küchenkraut	Passende Partnerpflanzen
Wermut	Verträgt sich hervorragend mit Johannisbeere, ansonsten ein Einzelgänger.
Liebstöckel	Ist generell eher ein Einzelgänger, der aber neben Petersilie oder Fenchel gepflanzt deren Wachstum und Üppigkeit fördert.
Petersilie	Verträgt sich mit Schnittlauch, Dill und Erdbeeren.
Thymian	Verträgt sich mit allen meditarranen Kräutern, außer mit Majoran.
Ysop	Liebt Bohnenkraut und Lavendel.
Ringelblumen	Haben eine große Vorliebe für Erdbeeren, verbessern den Gartenboden.
Kamille	Fördert das Wachstum von Küchenkräutern wie Schnittlauch, Dill, Majoran, Kerbel und Pimpinelle.
Rosmarin	Fördert das Wachstum von Basilikum, da beide nicht winterhart sind, können sie gemeinsam in Töpfen gepflanzt werden.
Salbei	Fördert das Wachstum von Oregano und Bohnenkraut.
Zitronenmelisse	Ist ein Allround-Talent, das generell das Wachstum und die Üppigkeit aller Kräuter fördert.

Schöne Gestaltungsideen – der Bauerngarten für Romantiker

Ein Kräutergarten ist nicht nur zum Schauen da, sondern auch zum Lauschen, (Be-)Greifen, Schmecken und nicht zuletzt zum Riechen. In diesem Kapitel finden Sie einige Vorschläge, wie Sie »Ihren« Kräutergarten finden, planen und verwirklichen. Und ob romantisch, »verhext« oder verträumt – Sie werden sicher den für Sie richtigen auswählen …

Vor einigen Jahren trat ein österreichisches Freilichtmuseum mit der Bitte an mich heran, zu den jeweiligen Gehöften alte Bauerngärten anzulegen. Ich beschäftigte mich daraufhin ausführlich mit diesem Thema und entdeckte, dass diese Gartenform eine Widerspiegelung der Natur ist.

Bauerngärten sind in erster Linie bunte Nutzgärten, die aber auch ein gewisses Maß an Schönheit und Zweckmäßigkeit besitzen – alles in allem bilden sie eine ökologische Einheit. Sie sind eine lebendige bäuerliche Gemeinschaft, umfriedet von einem Holz- oder Buchszaun als Symbol der Grenze zur umliegenden wilden Natur, wo ohne Einsatz von Chemie Gemüse, Kräuter, Blumen und Beerensträucher gedeihen. Eine praktische Einteilung ist das Geheimnis dieser Paradiese.

Ein- und Aufteilung

Die eigentliche Grundidee des Bauerngartens besteht darin, Gemüse, Kräuter und Blumen auf

Wunderschöner Bauerngarten mit der typischen Einfassung aus niedrigen Buchshecken.

Jahrhundertealte Tradition haben solche Flechtzäune. Sie werden aus Weiden- oder Haselnussruten hergestellt.

engstem Raum anzupflanzen. Die Beete sind einfach und klar eingeteilt, meistens rechteckig oder quadratisch, die Wege gerade. Nur natürliche Materialien kommen zum Einsatz, am besten aus der näheren Umgebung.
Je nach Herkunft der Pflanzen bietet sich eine möglichst sonnige Lage an. Einjährige und zweijährige Blumen wachsen zwischen dem Gemüse und säen sich selbst aus. Gesunde Mischkultur ist hier selbstverständlich.
Die **Wege** bleiben durchlässig für Regen und sind daher mit Kies, Holzhäcksel oder allenfalls Trittsteinen belegt. Bei einer Wegbreite bis etwa 60 cm und einer Beetbreite von maximal 120 cm sind die Beete von beiden Seiten gut bis zur Mitte zugänglich. Der Mittelpunkt wurde früher oft durch ein Rondell markiert, häufig mit einer Staude oder einer Rose im Zentrum.
Als lebende **Beeteinfassung** bieten sich Bergbohnenkraut, Buchs, Eberraute, Katzenminze, Lavendel, Salbei, Schnittlauch, Steinkraut, (Zwerg-)Thymian, Vergissmeinnicht und Ysop an, die aber allesamt mit der Gartenschere im Zaum gehalten werden müssen.
Den **Eingang zum Garten** ziert im Idealfall ein Rosenbogen, bepflanzt und überrankt mit Rosen, Clematis oder Jelängerjelieber.

Bauerngartenblumen

Bitte achten Sie darauf, nur widerstandsfähige bzw. frostharte Pflanzen auszuwählen. Typische Blumen für den Bauerngarten sind: Akelei, Alant, Atlasblume, Bartnelke, Begonie, Christrose, Eibisch, Eisenhut, Fingerhut, Flieder, Goldlack, Herzgespann, Lupine, Maiglöckchen, Mutterkraut, Kapuzinerkresse, Königskerze, Lilie, Margerite, Nachtkerze, Nachtviole, Narzisse, Pfingstrose, Ringelblume, Rosen, Schleierkraut, Schwertlilie, Stiefmütterchen, Stockrose, Studentenblume, Taglilie, Tulpen, Veilchen, Vergissmeinnicht und Wicke.
Ein Muss für jeden Bauerngarten sind auch einige Beerensträucher, aber auf jeden Fall viele, viele unterschiedliche Kräuter, die bunt gemischt zwischen Gemüse und Blumen gedeihen.

Kein Bauerngarten ohne Kräuter

Kräuter sind Gewürz, Aromapflanzen und grüne Apotheke zugleich. Sie verführen aber nicht nur uns mit ihren wundervollen Düften, sondern locken obendrein viele Nützlinge wie Bienen und Schmetterlinge in den Garten.
Ausdauernde Kräuter pflanzen Sie am besten als Beeteinfassung oder in ein eigenes Beet, und zwar nach der Größe gestaffelt – die größeren und dominanten Pflanzen stehen hinten. So **dekorativ blühende** wie Lavendel, Salbei, Raute und Ysop können unter die Schnittblumen gemischt werden.
Die **einjährigen Kräuter** säe ich immer und überall aus, wo noch ein freies Plätzchen ist. Als Lückenfüller stehen zum Beispiel Ringelblumen zwischen den Kopfsalat und Bohnenkraut-Pflanzen.

Bauerngärten wirken rustikal und sind absolut vielseitig. Neben Nutzpflanzen findet man hier ein buntes Gemisch verschiedener typischer Bauerngarten-blumen mit Gemüse und traditionellen Kräutern.

Pflanzliste Bauerngarten mit Kräutern

① Buchseinfassung
② Lavendeleinfassung
③ 6 x Sonnenblumen
④ 2 x Wildrose, links und rechts gepflanzt
⑤ 2 x Salbei
⑥ 2 x Weinraute
⑦ 8 x Blattsalat
⑧ 1 Samentüte Kapuziner-kresse
⑨ 2 x Buschtomaten
⑩ 2 x Rosmarin
⑪ 6 x Thymian
⑫ 1 Samentüte Radieschen
⑬ 4 x Majoran
⑭ 1 Samentüte Karotten
⑮ 6 x Kamille
⑯ 2 x Sonnenhut
⑰ 2 x Purpur-Sonnenhut
⑱ 4 x Dahlien
⑲ 4 x Rittersporn
⑳ 4 x Bohnenkraut
㉑ 4 x Stangenbohnen
㉒ 1 x Liebstöckel
㉓ 1 x Tränendes Herz
㉔ 3 x Kopfsalat
㉕ 1 x Pfingstrose, dunkelrot
㉖ 10 x Pflücksalat
㉗ 4 x Fenchel
㉘ 1 Samentüte Ringelblumen

Eine Kräuterspirale sieht nicht nur schön aus, sie ist auch eine hübsche Alternative zum Kräuterbeet. Die Pflanzen sind außerdem leicht zu erreichen.

Ein Muss für Kräuterhexen – die Kräuterspirale

Noch vor einigen Generationen hatte jeder größere Bauerngarten seine Kräuterschnecke, wie sie in manchen Gegenden auch genannt wird. Sie sieht nicht nur wunderschön aus, sondern hat zudem den Vorteil, dass damit den Standortansprüchen der verschiedenen Kräuterarten weitgehend entsprochen werden kann: Vom Feuchtbiotop bis zum extremen Trockenstandort finden Pflanzen hier nämlich optimale Bedingungen.
Generell benötigt die Kräuterspirale einen sonnigen Standort – sie ist kreisrund und hat einen Durchmesser von etwa 3 m. Noch besser kommt sie bei einem Durchmesser von 4 m zur Geltung.
In der Mitte dieser abgesteckten Fläche wird ein 50 bis 70 cm hoher Steinhügel errichtet, der zur Wärmespeicherung und Dränage dient. Er ist somit der beste Aufenthaltsort für Lavendel, Rosmarin und Salbei.
Aufgefüllt mit vorhandener Gartenerde oder relativ nährstoffarmem Mischboden, wird anschließend mit Feld- oder anderen Natursteinen eine schneckenförmige Spirale gebaut, die im südlichen Teil in einem kleinen Teich endet. Dieser sollte mindestens 40 cm im Durchmesser haben und so mit Teichfolie ausgelegt sein, dass nur die Wasserfläche sichtbar bleibt. Der mittlere und untere Teil der Kräuterspirale wird durch Zugabe von Kompost nährstoffhaltiger, sozusagen »fetter« gemacht.

Lebensraum für Pflanzen und Tiere

Bei geschickter Anlage der Kräuterspirale fließt nicht versickertes Niederschlagswasser automatisch in das Wasserbecken. Die Wasserfläche hat einen doppelten Nutzen: Bei starker Besonnung bewirkt sie durch Verdunstung bzw. bei Nachtfrösten eine Milderung von Temperaturextremen. Und im Teich und der umliegenden Zone wachsen feuchtigkeitsliebende Pflanzen wie Pfefferminze, Kresse, Schnittlauch u. Ä. besonders gut. Obendrein ist dieser Bereich ein echter Anziehungspunkt für vielerlei Kleingetier. Überhaupt wird sich eine Kräuterspirale im Laufe der Zeit vielen Tieren als Lebensraum anbieten, vor allem wärmeliebenden Insektenarten.
Beim Bepflanzen der Kräuterspirale sollte unbedingt darauf geachtet werden, dass höher werdende Arten zur Mitte hin angeordnet werden. In den Mauerritzen wachsen bevorzugt Bergbohnenkraut und Thymian. Bei sorgfältig überlegter Anlage und liebevoller Pflege kann die Kräuterspirale langfristig viele Arten von Kräutern liefern und zu einem besonderen ökologischen Anziehungspunkt im Garten werden.

Die Kräuterspirale ist ein dreidimensionales Beet. Es ermöglicht auf kleinstem Raum, den Standortansprüchen von Kräutern aus verschiedenen Klimazonen gerecht zu werden.

Pflanzliste Kräuterspirale

① 2 x Brunnenkresse
② 2 x Pfefferminze
③ 3 x Schnittlauch
④ 2 x Pimpinelle
⑤ 2 x Estragon
⑥ 1 x Zitronenmelise
⑦ 2 x Salbei
⑧ 2 x Ysop
⑨ 2 x Majoran
⑩ 2 x Thymian
⑪ 3 x Zitronen-Thymian
⑫ 2 x Lavendel

Jeder sollte seine Kräuterschnecke so bauen, wie es ihm gefällt und wie sie in den Garten passt. Es gibt dazu unzählige Variationsmöglichkeiten: Groß, breit und hoch oder eher klein und überschaubar, mit Rechts- oder Linkswindung, flach auf dem Boden aufliegend oder in einen Hang eingepasst.

Für Verträumte – Kräutergarten mit südlichem Flair

Zaubern Sie aus einer schlichten Garagenmauer oder der langweiligen Sichtschutzwand eine mediterrane Kulisse für Ihre Terrasse. Orangefarbene oder in sonnigem Gelb oder Terrakotta getünchte Wände bringen mediterrane Wärme und Urlaubsstimmung direkt zu Ihnen nach Hause. Ein Schatten spendender Olivenbaum im Topf darf natürlich nicht fehlen. Und duftende Kräuter aus dem Mittelmeerraum wie Rosmarin, Lavendel und Thymian, bunte Vasen und bemalte Töpfe runden das Bild harmonisch ab. Entspannt die Seele baumeln lassen können Sie am besten in einer Hängematte. Dazu ein kühles Getränk oder eine leckere Pizza – und Ihr kleines Paradies Marke Toskana ist perfekt.
Ich habe in den letzten Jahren bei meinen Gartengestaltungs-Seminaren festgestellt: Mit etwas Fingerspitzengefühl und angemessenem Ehrgeiz lassen sich auch in unseren Breitengraden Gärten in mediterrane Kräuteroasen verwandeln – zumindest den Sommer über.

Voraussetzungen …

Zuallererst sollte man sich aber natürlich die Frage stellen, ob ein mediterranes Ambiente überhaupt zu Ihrem Zuhause passt. Am besten wirken südlich angehauchte Gärten bei moderner Architektur und kleinen Räumen. Die Lage spielt dabei nur eine nebensächliche Rolle. Theoretisch lässt sich der Wunsch nach einem etwas anderen Kräutergarten, der nicht nach Schema F aussieht, überall realisieren.

… und Vorteile

Während die Gärten bei uns immer mehr reine Zieranlagen wurden, haben Privatgärten im Mittelmeerraum bislang ihren praktischen Nutzen bewahrt. Rosmarin, Oregano, Lorbeer, Thymian & Co. sind fast überall anzutreffen, um die Küche mit frischen Zutaten zu ver-

Holen Sie sich mit mediterranen Kräutern den Sommer in Ihren Garten. Genießen Sie den Duft von Thymian, Lavendel & Co.

Die mediterrane Küche mit den entsprechenden Kräutern liegt voll im Trend.

sorgen. Machen Sie es den Bewohnern des Mittelmeerraums nach! Verbinden Sie das Schöne und Angenehme mit dem Nützlichen und bauen Sie in Ihrem mediterranen Garten die aromareichen Zuwanderer aus dem Süden an. Auge und Gaumen werden sich gleichermaßen freuen.
Im Handel gibt es heutzutage schon viele Vertreter der mediterranen Kräuterfamilie winterhart, wobei ich persönlich hiervon nicht 100%ig überzeugt bin. Viele Südländer vertragen aber auch unser Klima, sofern die Winter nicht zu streng sind. Und die übrigen können Sie entweder drinnen überwintern oder ersetzen sie im Frühjahr durch neu gekaufte Topfpflanzen.
Übrigens: Einige Reihen Lavendel oder Bohnenkraut an der Grundstücksgrenze statt eines Zauns oder gar der ewig gleich aussehenden Thujenhecke machen sich garantiert hervorragend und bringen aromatischen Duft und südliches Flair in jeden Garten.
Ob Balkon, Terrasse, Dachgarten oder Eingang - jeder Standort wirkt durch sie freundlich und belebt. Ab Anfang bzw. Mitte Oktober, je nach Lage, sollten sie an hellen, frostfreien Orten überwintert werden. Aus diesem Grund ist es auch von Vorteil, die meisten nicht winterharten »Mediterranen« in Kübel zu überwintern, die es ihnen erlaubt, die Wintermonate an geschützten Orten, z. B. einem Keller, dem Treppenhaus einer Garage oder wie bei mir in einem Wintergarten, bei niedrigen Temperaturen zu überdauern.

So überwintern Sie richtig:

- Sorgen Sie in erster Linie bei Ihren Kübelpflanzen bereits in den Sommermonaten für optimale Bedingungen und ausreichende Ernährung. Reservestoffe für die karge Überwinterungszeit können dadurch aufgebaut werden.
- Übersiedeln Sie möglichst spät in das Überwinterungsquartier und so zeitig wie möglich wieder ins Freie um die Pflanzen abzuhärten.
- Eine Faustregel besagt: Je heller der Überwinterungsort ist, um so wärmer darf er sein; je dunkler die Bedingungen sind, um so kühler sollen auch die Temperaturen sein.
- Stellen Sie ab den Monaten August/September die Gieß- und Düngegaben ein, um die Überwinterungsfähigkeit zu fördern, denn die Pflanzen sammeln so ihre Kräfte für die kältere Jahreszeit.
- Gießen Sie im Überwinterungsquartier erst, wenn sich die Erde vom Topfrand zu lösen beginnt.
- Führen Sie vor dem Ein- oder Ausräumen einen rigorosen Rückschnitt durch.
- Kontrollieren Sie Ihre Pflanzen regelmäßig auf Schädlingsbefall, besonders wenn sie im temperierten Winterarten oder im geheizten Gewächshaus ihren Winterschlaf halten.

Pflanzliste mediterraner Kräutergarten

① 5 x Oregano
② 2 x buntblättriger Salbei
③ 1 x grünblättriger Salbei
④ 4 x Basilikum
⑤ Lavendelhecke
⑥ 3 x Rosmarin
⑦ Verschiedene duftende Thymiane
⑧ Zitronenbaum im Topf
⑨ Oregano im Topf
⑩ Lavendel im Topf
⑪ Rosmarin im Topf
⑫ Lorbeer im Topf
⑬ Ysop im Topf

Mit wenigen Tricks und Gestaltungselementen können Sie Ihren Garten in eine duftende Mittelmeer-Oase verwandeln. Wir zeigen Ihnen, was Sie bei der Gestaltung beachten müssen.

Für Genießer – der Duft-Kräutergarten

Nach intensiven Überlegungen habe ich beschlossen, für meine Kursteilnehmer und natürlich auch für mich einen Duftkräutergarten anzulegen: Lavendel, Pelargonien in den verschiedensten Duftrichtungen, die unterschiedlichsten Minze-Arten, Zitronenmelisse, einige Thymian-Arten, Salbei, Heiligenkraut, Currykraut sowie wunderschön blühende und intensiv duftende Rosen sollen hier ihr Aroma verströmen. Ich werde Ihnen in diesem Buch noch viele Tipps und Anregungen geben, wie Sie vor allem Duftkräuter zu Nützlichem und Schönen verarbeiten können.

Tipp: Minzen können sehr hoch und vor allem breit werden. An einem für sie idealen Standort entwickeln sie sich durch ihr Wuchern zu einer regelrechten Plage. Deshalb pflanze ich meine Minzen in einen großen Blumentopf, bei dem ich den Boden entfernt habe, und dann direkt ins Beet. Diese Methode hilft, ihr üppiges Wachstum im Zaum zu halten.

Kräuterduft auf Schritt und Tritt

An sonnigen Plätzen sind Kräuter in Form von Duftkissen zwischen den Trittplatten des Gartenweges etwas ganz Besonderes, denn wenn man über die Polsterkräuter läuft verbreitet sich ein unwahrscheinliches Aroma. Hierfür eignen sich vor allem Thymian, Römische Kamille und Teppichminze. Pflanzen Sie die Polster-Duftkräuter gleich beim Bau der Wege mit ein oder säen Sie sie in die Fugen. Wenn sie zu breitflächig werden, können Sie einfach mit dem Rasenmäher für Ordnung sorgen.

Die meisten Kräuter gehören zur Gruppe der Aromapflanzen. Sie entfalten ihren Duft meist erst durch Berühren, Zerreiben und Zerbrechen von Pflanzenteilen.

Folgende Kräuter eignen sich hervorragend zum Bepflanzen eines Duftkräutergartens:

- **Currystrauch** *(Helichrysum italicum):* Diese duftende Pflanze ist mehrjährig, winterhart, liebt die Sonne, verträgt aber keine Staunässe. Staude duftet aromatisch nach Curry (Zweige kurz mitkochen).
- **Diptam** *(Dictamnus albus)*: mehrjährig, winterhart, kalkliebend, trocken, Sonne, 70 cm. Wildpflanze unter Naturschutz. Wächst langsam, enthält viel ätherisches Öl und duftet stark zitronig. Rosa Blüten.
- **Duft-Geranien** *(Pelargonium-*Arten): Sind mehrjährig, aber bitte im Haus kühl und hell überwintern Die Blätter können für Süßspeisen und Kuchen verwenden.

Ein Duftgarten ist ein Fest für die Sinne. Hier erleben Sie Entspannung auf ganz natürliche Weise. Wer am frühen Morgen auf dem Weg zur Arbeit noch rasch eine Nase voll Lavendelduft mitnehmen kann, startet garantiert gut gelaunt in den neuen Tag.

Pflanzliste Duft-Kräutergarten

① 2 x Zitronenverbene im Topf
② 2 x Zitronenmelisse
③ 3 x Lavendel
④ 3 x Frauenmantel
⑤ 1 Samentüte Gänseblümchen-Wiese
⑥ 1 x Currykraut im Topf
⑦ 1 x Muskateller-Salbei
⑧ 4 x Indianernessel
⑨ 4 x Katzenminze
⑩ 1 x Kletterrose
⑪ 2 x Pfefferminze
⑫ 2 x Apfelminze
⑬ 1 Samentüte Ringelblumen
⑭ 6 x Zitronen-Thymian

Eine Bank, die an einer geschützten Stelle zum Verweilen im Duft-Kräutergarten einlädt, verführt zu sinnlichen Riech- und Geschmackserlebnissen.

Ihrer Phantasie sind bei der Bepflanzung des Kräutergartens keine Grenzen gesetzt.

- **Apfelduft-Geranie** (z. B. *Pelargonium odoratissimum*): Kleine Blätter mit Apfelduft und weiße Blüten.
- **Orangenduft-Geranie** (z. B. *Pelargonium × citriodorum* 'Prince of Orange'): Mit feinem Orangenschalenduft und kompaktem Wuchs.
- **Pfefferminz-Geranie** (z. B. *Pelargonium tomentosum*): Samtige Blätter mit kräftigem Pfefferminzduft. Wüchsig.
- **Rosenduft-Geranie** (z. B. *Pelargonium capitatum* 'Attar of Roses'): Behaarte Blätter mit Rosenduft.
- **Zitronenduft-Geranie** (z. B. *Pelargonium* 'Lemon Fancy'): Mit schönen zweifarbig rosa Blüten und intensivem Zitronenduft.
- **Französischer Jasmin** *(Jasminum officinalis)*: Ein blüh- und duftfreudiger Strauch, der vor dem Winter zurückgeschnitten werden sollte. Seine aromatischen weißen Blüten erneuert er stetig.
- **Muskateller-Salbei** *(Salvia sclarea)*: 2-jährige wunderschöne Pflanze, die Sonne und Trockenheit gut verträgt. Die imposanten Blüten sind auch verblüht noch dekorativ. Starker, herber Duft.
- **Nachtkerze, duftend** *(Oenothera speciosa)*: Mehrjährige winterharte Pflanze, die viele Ausläufer bildet.
- **Schokoladenblume** *(Berlandiera lyrata)*: Aufgrund des köstlichen Schokoladeduftes garantiert die Lieblingspflanze aller Kinder, sollte aber im Haus überwintert werden, Blüte von Juni-August.
- **Ananas-Salbei** *(Salvia rutilans)*: frostempfindlich Blätter duften stark nach Ananas. Rote Blüten im Herbst. Starkwüchsig.
- **Frucht-Salbei** *(Salvia dorisiana)*: Kübelpflanze. Mit großen, behaarten Blättern und fruchtigem Duft. Auch als Zimmerpflanze geeignet.

Augenschmaus und Gaumenfreude

Farbenfrohe Gesellschaft im Kräuterbeet

Die Zeiten, in denen Kräuter ausschließlich in der Küche für Abwechslung sorgten, sind lange vorbei. Auch im Garten lassen sie sich ausgesprochen vielseitig kombinieren. Im Kräutergarten tummeln sich viele Farben und Formen, die allen Sinnen guttun. Vor allem mediterrane Kräuter haben an Bedeutung gewonnen und zaubern das Lebensgefühl des Südens auf unseren Speisezettel.

Bunte Blätter und Blüten

Von vielen Kräutern gibt es inzwischen blattbunte Sorten zu kaufen, zum Beispiel von Salbei, Thymian, Melisse und Oregano. Bei der Buntfärbung der Blätter handelt es sich lediglich um eine Pigmentzüchtung, die auf den Geschmack keine Wirkung hat. Gerade bei den Minzen stehen so viele Aromen, Blattfärbungen, -zeichnungen und -formen zur Auswahl, dass die Entscheidung wirklich schwerfällt, welche man mit nach Hause ins kleine Kräuterparadies nehmen soll. Wichtig für den künftigen Minze-Standort ist übrigens ein halbschattiges Plätzchen, denn nur im Halbschatten kann diese Pflanze ihr Aroma so richtig entfalten. Zum Glück fühlen sich viele der schmucken Küchenkräuter aber auch an einem sonnigen Plätzchen im Topf auf Balkon, Terrasse oder auf der Fensterbank äußerst wohl.

Blühende Kräuter bieten immer einen hübschen Anblick. Die Blüten des Borretsch oder der Kapuzinerkresse sind zudem eine ungewöhnliche essbare (und dazu noch gesunde!) Dekoration für Suppen, Drinks, belegte Brote oder Salate.

Kräuter sorgen nicht nur in der Küche für Abwechslung. Auch im Garten lassen sie sich vielseitig kombinieren. Die Ringelblume beispielsweise ist eine vielseitige Heilpflanze und passt als anspruchslose Sommerblume besonders gut zwischen Kräuter.

Wem das Kräuterbeet trotz allem noch ein wenig zu grün und zu einheitlich erscheint, kann die Kräuterbeete leicht mit Sommerblumen, Wildkräutern oder dekorativen Blütenstauden aufpeppen – im Stil der alten Bauerngärten.

Starker Blühpartner im Kräuterbeet

Eine dankbare Sommerblume, die auch nach der Blüte noch ungemein dekorativ aussieht, ist die **Jungfer im Grünen** *(Nigella damascena)*. Charakteristisch sind die wunderschönen, bizarren Früchte. Sie hat obendrein den Vorteil, dass sie sich jedes Jahr von selbst aussät und somit für Nachwuchs sorgt. Sehr gut auch in Trockengestecken!

Kräuter besitzen seit Jahrtausenden große Bedeutung. Schon die Griechen und Römer nutzten Thymian, Petersilie & Co. nicht nur zum Würzen von Speisen, sondern auch als Heilmittel.

Küchenkräuter: lecker und gesund!

Von zart bis intensiv reicht die Geschmacksrichtung unserer Küchenkräuter. So wird die kräftige Würze des Rosmarins gerne für Geflügel und italienische Gericht wie Pizza und Pasta verwendet, die zart-herben Bittertöne des Salbeis dagegen harmonieren mit Geflügel, Fleischfüllungen und Wild. Und der süßlich-aromatische Anis- und Fenchelgeschmack des Kerbel verleiht zarten Salaten und kalten Suppen eine besondere Note.

Die Jungfer im Grünen trägt nach der Blüte wunderschöne, bizarre Früchte und sät sich jedes Jahr von selbst aus.

Ein weiterer interessanter Aspekt ist, dass Kräuter eine Vielzahl von Vitaminen (z. B. Vitamin C in Petersilie) und sogenannte sekundäre Pflanzeninhaltsstoffe enthalten, die für vielfältige positive Wirkungen rund um unseren Verdauungsapparat verantwortlich sind – entspannend, stärkend, krampflösend, belebend, beruhigend, abwehrstärkend … Zusammengefasst steht unwiderruflich fest: Unsere Küchenkräuter sind nicht nur lecker, sondern auch der Gesundheit dienlich!
So fördert zum Beispiel Kümmel durch seine ätherischen Öle die Verdaulichkeit von Speisen. Daher ist Kümmel auch Bestandteil meiner Teemischungen gegen Blähungen und Verdauungsbeschwerden. Heilkräuter heißen übrigens all jene Gewürzpflanzen, die bei kleinen Beschwerden Linderung verschaffen. Dennoch gilt auch bei Küchenkräutern: Alles mit Maß und Ziel!

Kräuter und Gemüse – eine wunderbare Partnerschaft

Wissenschaftlich betrachtet, ist eine **Mischkultur** der ökologisch und ökonomisch begründete gleichzeitige Anbau mehrerer Nutzpflanzenarten auf derselben Fläche im Land-, Gartenbau und Privatgarten. Hört sich kompliziert an, ist es aber nicht.
Bei einer Mischkultur werden einfach mehrere Pflanzenarten nebeneinander in einer Art harmonischer »Pflanzengemeinschaft« angebaut. Die Abwehr von Schädlingen und die Ausgewogenheit der Nährstoffaufnahme werden im Gegensatz zur Fruchtfolge nicht nacheinander, sondern zeitgleich nebeneinander gewährleistet. Natürlich kann man die Sache auch viel einfacher erklären, am besten anhand von praktischen Beispielen.
Nachfolgend eine Tabelle zur Mischkultur, dem harmonischen, beiden Partnern zugutekommenden Miteinander von (Küchen-) Kräutern und Gemüsepflanzen.

Wer kann mit wem?

Küchenkraut	Passende Partnerpflanzen
Basilikum	Gurken und Kohlrabi; besonders gut versteht es sich mit Tomaten.
Bohnenkraut	Wie schon der Name sagt, verträgt es sich besonders gut mit allen Bohnenarten, ebenso mit Erdbeeren und Blattsalaten. Zu erwähnen ist auch, dass es aufgrund seiner ätherischen Inhaltsstoffe Blattläuse in die Flucht schlägt.
Dill	Fördert das Wachstum von Gurken und Zucchini, Karotten und Kopfsalat; wenig förderlich neben Tomaten.
Gartenkresse	Radieschen, alle Blattsalate.
Kamille	Nicht nur für den Menschen ein wunderbarer »Pflanzendoktor«, auch im Gemüse- und Kräutergarten leistet die Kamille wertvolle Dienste zur Bodenverbesserung. Lassen Sie wild wuchernde Kamille ruhig gewähren, sie wird es Ihnen mit reicher Ernte danken.
Kapuzinerkresse	Fördert hervorragend das Wachstum von Kartoffeln, Radieschen, Tomaten und Zucchini. Dazu kommt der Vorteil, dass sie Ameisen und damit auch Blattläuse geradezu magisch anzieht und so die anderen Pflanzen in Ruhe gedeihen lässt.
Knoblauch	Schützt durch seinen einzigartigen Geruch auch vor Blattläusen! Fördert das Wachstum und die Ausbeute bei Gurken, Karotten, Salat und Tomaten.
Lavendel	Soll Blattläuse abwehren, wovon ich aber nicht sonderlich überzeugt bin.
Majoran	Fördert das Wachstum von Karotten und Radieschen.
Petersilie	Ist eigentlich ein zickiger Einzelgänger, lediglich neben Kartoffeln und Radieschen fühlt sie sich meist wohl.
Rosmarin	Rosmarin liebt Tomaten und Karotten.
Salbei	Verträgt sich mit allem, was im Garten so wächst, und begünstigt Wachstum und Fruchtansatz. Ich habe in den letzten Jahren sogar festgestellt: Wo ich Salbei pflanzte, fand ich keine Schnecken!
Schnittlauch	Versteht sich blendend mit Blattsalaten, allen Arten von Kohl und Karotten.
Thymian	Bereichert mit seinem ausgeprägten Aroma die Gartenerde und vertreibt Ameisen, Blattläuse etc.

Tolle Kräuter für den Garten

Gartenkräuter im Porträt

Kochen und Essen macht Freude – mit Kräutern noch mehr. Mit frischen Kräutern gewürzt, werden Standardgerichte schnell und einfach zu raffinierten Speisen: Schlichte Salzkartoffeln lassen sich durch Thymian in eine mediterrane Köstlichkeit verwandeln, Kräutersaucen geben Speisen ungeahnte Raffinesse. Und Hühnchen mit Salbei und Zitronengras schmeckt exotischer als so manches fremdländische Gericht.
Ob leichte Küche, deftiger Braten oder schmeichelnde Süßspeisen – für jedes Gericht ist das passende Kraut gewachsen. Probieren Sie einfach aus, welche Kräuter Ihnen und Ihren Lieben am besten schmecken, und legen Sie sich von diesen einen ausreichendend großen Vorrat an.
Eine große Auswahl an **Küchenkräutern** gibt es mittlerweile auch ganzjährig im Topf zu kaufen, sodass Sie bei Bedarf einige Blätter abzupfen und in den Kochtopf geben oder einfach das Gericht damit garnieren können.
Ganz unabhängig davon, ob Sie einen großen oder kleinen Garten, eine Terrasse oder nur eine Fensterbank zur Verfügung haben – versuchen Sie sich als Kräutergärtner! Küchen-, Würz- und Duftkräuter aus dem eigenen Garten sind das Abenteuer »Kräutergarten« unbedingt wert, denn wer kauft schon Kräuter und Gewürze im Supermarkt, allzu oft versetzt mit Geschmackverstärkern, wenn man sie selbst ganz einfach anbauen kann.
Die meisten Kräuter sind unproblematisch in Anbau und Pflege, nur der Standort sollte gewissenhaft gewählt sein. Den Rest übernimmt fast allein die Natur. Die meisten Kräuter- und Gewürzpflanzen, die in unseren Breiten wachsen, haben sich vor langer Zeit unseren Wetterbedingungen angepasst und kommen auch mit kleineren Pflegefehlern gut zurecht. Glauben Sie mir, wir können von den Schätzen unseres Kräutergartens nur profitieren. Sie geben unseren Speisen die Würze, eignen sich für wohlschmeckende Tees und manche bringen mehr Heilung bei Husten und Schnupfen als jede andere Medizin.
Seien es typische Küchenkräuter wie Petersilie, Schnittlauch und Majoran, mediterrane Kräuter wie Basilikum und Rosmarin oder **Heilkräuter** wie Kamille, Pfefferminze und Wermut – auf den folgenden Seiten möchte ich Ihnen die wichtigsten dieser Köstlichkeiten vorstellen, samt ihren Inhaltsstoffen und Bedürfnissen an den Kräutergarten. Und bei einigen finden Sie auch bereits das eine oder andere Rezept …

Legen Sie Ihren Küchenkräutergarten möglichst in der Nähe des Hauses an. Ich weiß aus eigener Erfahrung, dass man bei Regenwetter oftmals lieber auf ein Kräutlein verzichtet als nass zu werden …

Eine dekorative und vor allem praktische Idee ist auch die Anlage eines Themenbeetes, das unter einem bestimmten Mottos steht. Ich denke da an Folgendes:
- Sie können »**Pizzakräuter**« wie Rosmarin, Thymian und Oregano in Töpfe pflanzen und auf die Terrasse stellen.
- Praktisch ist auch ein spezielles **Suppenkräuter**-Kistchen mit Möhren, Sellerie und Lauch oder
- ein Pflanzkistchen mit »**Erkältungskräutern**« für den Husten- und Bronchialtee wie Salbei, Thymian und Spitzwegerich.

Die Würzigen

Genau genommen müsste man die Geschichte der Kräuter in zwei Rubriken teilen. Einmal ist da die Geschichte der Kräuter, mit denen man das Essen würzt (Würzkräuter) und dann die Geschichte der Heilkräuter. Die Übergänge zwischen beiden Kategorien und die Verwendung der einzelnen Kräuter sind fließend. In alten Zeiten wurden sogar Kriege geführt, um die begehrten und seltenen Würzkräuter zu bekommen!

Was die eigentliche Geschichte der Würzkräuter betrifft, so sollen schon vor Tausenden von Jahren die Menschen ihre Nahrungsmittel gewürzt haben. So wickelten sie diese vor dem Genuss in Kräuter und Früchten ein, um sie anschießend zu braten oder roh zu verzehren. Im alten Ägypten wurden eine Vielzahl an Gewürzen – ich denke da vor allem an den Knoblauch – eingesetzt, um die Sklaven gesund zu erhalten und ihre Arbeitskraft zu stärken.

Eine neue Epoche auch in puncto Kräuter leitete der Weltenbummler Christoph Columbus ein. Seinen Aufzeichnungen nach erreichte er um 1492 die Karibischen Inseln und brachte köstliche Schätze wie

Küchenkräuter sind bei der Zubereitung von Mahlzeiten unentbehrlich. Dabei dienen sie aber nicht nur als Würze und Dekoration, sondern sind auch gesund!

den Chilipfeffer, Paprika und den Piment mit zurück in unsere heimischen Gefilde.

Bohnenkraut

Satureja hortensis

Im Mittelalter schrieb man dem Bohnenkraut luststeigernde Eigenschaften zu. Es gibt eine Vielzahl von alten Rezepten rund um die Liebe, die das Bohnenkraut beinhalten. Und die moderne Wissenschaft hat herausgefunden – da steckt tatsächlich was dahinter! Das Bohnenkraut tut aber auch unseren Verdauungsorganen gut, denn es regt die Verdauungssaftproduktion an und verhindert Blähungen. Diesem Umstand verdankt das Kräutlein auch seinen Namen, da es als Ergänzung zu Bohnen, Kraut und anderen blähenden Gerichten passt. Außerdem aktiviert es die Bauchspeicheldrüse und eignet sich sehr gut bei Diäten für Diabetiker, Nieren- und Gallenkranke.
Beschreibung: Das Bohnenkraut gehört zur weitläufigen Familie der Lippenblütler und kann mit den Jahren zu einem ansehnlichen holzigen Wurzelstock heranwachsen. Auf den stark verzweigten Ästchen sitzen kräftig grüne lanzettförmige, leicht behaarte Blätter. Da die gesamte Pflanze max. 40 cm hoch wird, ist sie auch eine optimale Einfassungspflanze für Kräuterbeete. Von Ende Juni bis Anfang Oktober öffnen sich unaufhörlich kleine zartweiße und rosaviolette Blüten. Das Kraut duftet ausgesprochen aromatisch und zieht mit seinem Duft viele Nützlinge wie Schmetterlinge und Bienen an. Die Ursache für das kräftige Aroma sind herbwürzige ätherische Öle und Bitterstoffe.
Pflege: Das Bohnenkraut liebt mageren, trockenen Boden. In meinem Kräutergarten steht es als Beeteinfassung und macht sich in dieser Position wunderbar. Nach der Blüte bitte auf 15–20 cm zurückschneiden, damit es nicht zu sehr verholzt. Insgesamt ist das Bohnenkraut sehr anspruchslos, doch je mehr Sonne die Pflanze abbekommt, umso würziger schmeckt sie.
Meine Großmutter hatte einen alten Geheimtipp, um das Aroma noch zu fördern: Sie legte rund um die Bohnenkrautstauden mittelgroße Steine, die den ganzen Tag über die Wärme der Sonne speichern und bis weit in die Nacht hinein an die Pflanze wieder abgeben. So erhalten Sie noch eine Extraportion Geschmack!
Ernte: Das ganze Jahr über kann das Bohnenkraut geerntet werden, an frostfreien Tagen auch im Winter. Die Blüten sind ebenfalls köstlich in Salate oder als Suppendeko.
Küchentipp: Das Bohnenkraut ist das Gewürz Nr. 1 für alle Bohnengerichte. Aber nicht nur für Bohnengerichte wird es verwendet, in seiner vielfältigen Weise eignet es sich für Suppen, Gurken-, Erbsen- und Linsengerichte usw. Aber Vorsicht! Zu viel Bohnenkraut zu lange mitgekocht verdirbt die Speise, da diese leicht bitter wird. Also immer erst kurz vor Ende der Kochzeit beigeben.

Bohnenkraut macht Hülsenfrüchte besser verdaulich und bekömmlicher.

Dill

Anethum graveolens

Aufgrund seines extravaganten Geruches galt der Dill im Mittelalter als hochgepriesenes Zauberkraut. Wer Dillsamen in der Hosentasche trug und gleich nach dem Aufstehen den Spruch sagte: »Kümmel, Dill und Rosmarin lässt böse Geister weiterziehn!«, dem konnte eigentlich nichts mehr passieren. Auch in Pharaonengräbern fand man Dillstängel und -samen. Im alten Judäa wurde Aufzeichnungen zufolge der Dill sogar als Zahlungsmittel akzeptiert.
Beschreibung: Der Dill zählt zur Familie der Doldenblütler. Ich hatte einmal eine Dillpflanze im Garten, die sicher über 1 m hoch war. Doch trotz der beachtlichen

Dill ist reich an Vitamin C, wirkt beruhigend, fördert die Verdauung und kann Kopfschmerzen lindern.

Größe, die sie erreichen kann, wirkt sie im Kräutergarten eher zart und zerbrechlich. Die Blätter sind filigran und tiefgrün. Ab August steht der Dill in voller Blüte, und jetzt kann man auch buntes Treiben im Kräutergarten beobachten, denn die ätherischen Öle und Wirkstoffe ziehen viele Insekten wie Bienen, Schmetterlinge und Hummeln an. Nach der Blüte entwickeln sich die Dillsamen, die leicht bitter schmecken. In der Küche und der Naturapotheke verwendet man hauptsächlich die »Dillspitzen«, also die gefiederten Blätter.

Pflege: Der Dill liebt die Sonne und die Gurke als Beetnachbarn. Ich säe die beiden immer zusammen aus – Mitte April je nach Witterung – und achte darauf, dass ich der Gurke genügend Platz lasse. Wenn es ihm an einem Plätzchen gefällt, kommt es nicht selten vor, dass sich der Dill jedes Jahr von selber neu aussät. Düngen ist nicht erforderlich, er bekommt von der nährstoffliebenden Gurke genug ab.

Ernte: Sobald der Dill eine Höhe von ca. 20 cm erreicht hat und seine Blättchen schön ausgebildet sind, kann mit der Ernte begonnen werden. Nicht umsonst heißt der Dill im Volksmund auch Gurkenkraut, da er hervorragend im Gurkensalat schmeckt. Die Samen nehme ich zum Einlegen von Gurken und Zucchini oder als Würze für Kräuteröl und Kräueressig.

Küchentipp: Zu Gemüse, Suppen, Huhn, Karpfen, Forelle, Salz- und Bratkartoffeln, zum Einlegen von Gurken und natürlich auch für Gurkensalat.

Estragon

Artemisia dracunculus

Im Mittelalter war man überzeugt, dass Estragon gegen giftige Tierbisse helfe. Man unterscheidet zwei

Sorten, den Französischen und den Russischen Estragon, wobei der Französische einen wesentlichen feineren und würzigeren Geschmack hat als sein »russischer« Kollege, den man an blasseren, leicht behaarten Blättern identifiziert. Ein Laie wird den Unterschied zwischen den beiden Sorten nicht erkennen, Sie müssen sich auf Ihren Gärtner verlassen.

Beschreibung: Der Estragon wird im Laufe der Zeit eine ansehnliche, buschige Staude mit einer Höhe von bis zu 80 cm. Die weißlichen, etwas unscheinbaren Blüten locken von Juli bis August eine Vielzahl an Nützlingen an.

Pflege: Der Estragon, sowohl der einjährige Französische als auch der mehrjährige Russische, liebt ein sonniges Plätzchen im Kräutergarten mit magerem Boden. Ich empfehle einen kräftigen Rückschnitt im Herbst, ca. 10 cm über dem Boden. Ansonsten ist er ein anspruchsloses Kräutlein.

Die Senkle des Estragon fördern die Verdauung und wirken positiv auf die Nerven.

Der Hauptanwendungsbereich des Fenchels ist der Verdauungsapparat. Fenchel wirkt magenstärkend, leberstärkend, löst Krämpfe und Blähungen.

Ernte: Die frischen Triebspitzen können von Mai bis in den Spätherbst hinein geerntet werden. Wenn Sie Estragon für den Wintervorrat trocknen wollen, ist der geeignetste Zeitpunkt vor der Blüte, da jetzt die Pflanze all ihre Kräfte in die ätherischen Öle der Blätter setzt.

Küchentipp: Ich verwende die zarten Blätter des Estragon vorwiegend frisch, getrocknet verlieren sie etwas von ihrem köstlichen Aroma. Bitte sparsam dosieren für Gemüse-, Fleisch- und Fischgerichte, Marinaden und Kräutersaucen.

Fenchel

Foeniculum vulgare

Fenchelsamen waren bereits bei den alten Griechen ein wichtiges Heilmittel gegen Blähungen und Verdauungsprobleme. Hippokrates und Dioskurides (der Verfasser des bedeutendsten pharmakologischen Werkes der Antike) empfahlen ihn auch zur Muttermilchbildung. Im Mittelalter wurde dies von Kräuterärzten bestätigt, weshalb er auch auf den kaiserlichen Hofgütern kultiviert wurde. Fenchel macht schwere Speisen bekömmlicher, verhindert Blähungen und ist daher besonders empfehlenswert für Menschen mit Magen-, Galle- und Leberdiät. Auch wichtiger Bestandteil von Baby- und Stilltees.

Beschreibung: Fenchel ist eine aufrecht wachsende, mehrjährige Pflanze, die bis zu 2 m hoch wird. Er braucht im Kräuterbeet ein größeres Plätzchen, da er zudem einen Durchmesser von bis zu 50 cm erreichen kann. Die wunderbar duftenden gefiederten Blüten erfreuen uns von Juli bis August mit einem schönen Gelb.

Pflege: Neben einem sonnigen Platz braucht der Fenchel regel-

Die Kapuzinerkresse liebt einen nicht zu nährstoffreichen Boden in möglichst sonnigen, nicht zu feuchten Lagen.

mäßige Wassergaben und hin und wieder Nährstoffe in Form von Mulch oder etwas reifem Kompost. Im Herbst bitte gut mit Reisig als Winterschutz einpacken.
Ernte: Die frischen Blätter können Sie ab Juni, die Samen ab der Samenreife im Frühherbst frisch verwenden oder trocknen. Der Fenchel hält auch nach dem Trocknen Farbe und Aroma gut.
Küchentipp: Zu Sauerkraut, grünem und Gurkensalat, Karpfen, Rohkostplatten, Gemüse, Saucen. Bitte vor dem Gebrauch mit dem Messerrücken kurz andrücken, damit die wertvollen ätherischen Öle ihr volles Aroma entfalten können.

Kapuzinerkresse

Tropaeolum majus

Peruanische Indianer verwendeten die Blätter zur Behandlung von Wunden aller Art. Der Chlorophyllgehalt hilft das Blut reinigen, indem er die Bildung roter Blutkörperchen fördert, außerdem werden Appetit und Verdauung angeregt.
Kapuzinerkresse stärkt die körpereigenen Abwehrkräfte und unterstützt die Blutbildung sowie den Sauerstofftransport durch das Blut. In früheren Zeiten wurde sie aufgrund ihrer leicht antibiotischen Wirkung als »Bauernantibiotikum« bezeichnet.

Kapuzinerkresse selbst aussäen

Ihre Lieblingsform der Kapuzinerkresse können Sie im nächsten Jahr wieder selbst ziehen, indem Sie im Herbst die Samenstände sammeln und luftig, z. B. in einem leeren Kaffeefilter, für das nächste Frühjahr aufheben.

Beschreibung: Kapuzinerkresse gibt es in vielen Farben, von Hellgelb über Orange und Rot bis Rosa, mit gefüllten und ungefüllten Blüten. Die Größe reicht von niedrig wachsend bis rankend. Sie kann somit eine Größe zwischen 30 cm und 2 m erreichen. Die hellgelb- bis graugrünen, manchmal auch hell-/dunkelgrün marmorierten Blätter sind nierenförmig bis rundlich und werden ca. 6 cm groß.
Pflege: Ansprüche an den Boden werden nicht gestellt. Kapuzinerkresse gedeiht auch hervorragend auf Balkon und Terrasse. Wichtig ist es, nicht zu düngen, da sonst die Pflanze lediglich grünes Blattwerk entwickelt und nicht mehr blüht. Bitte täglich, an heißen Tagen auch 2-mal, gießen.
Ernte: Die jungen frischen Blätter schmecken den ganzen Sommer über würzig lecker, aber auch die Blüten und Samenstände können gegessen werden.
Küchentipp: Alle Teile der Pflanze sind aufgrund ihres würzig-scharfen Aromas für Salate, Sauchen, Suppen und – besonders lecker – für Aufstriche hervorragend geeignet.

Kerbel reinigt das Blut und wirkt entschlackend.

Kerbel

Anthriscus cerefolium

Der Kerbel war bereits bei den Römern ein beliebtes Würz- und Heilmittel, denn er fördert die Magensaftsekretion, regt Kreislauf und Stoffwechsel an. Die Griechen schrieben ihm sogar eine aphrodisierende Wirkung zu. Er ist ein Bestandteil meines 12-Kräuter-Salzes.

Beschreibung: Der Gartenkerbel ist eine aufrechte, stattliche Pflanze, die leider nur einjährig wächst. Sie wird bis zu einem halben Meter hoch. Die weißen Blütchen blühen von Juni bis in den Spätsommer hinein. Die Blätter sind von einem satten Mittelgrün, 2- bis 3-fach gefiedert und haben für Kräutergarten-Neulinge große Ähnlichkeit mit der Petersilie. Dann muss man nur schnuppern: Der feine Anisgeruch schließt eine Verwechslung weitgehend aus.

Pflege: Ich habe in den letzten Jahren die Erfahrung gemacht, dass Kerbel auch wunderbar in Töpfen und Blumenkisten gedeiht.

Das einjährige Kraut ist anspruchslos und robust. Es braucht sowohl im Topf als auch im Garten einen sonniger bis halbschattigen Standort, ist dann aber absolut pflegeleicht und stellt außer regelmäßigem Gießen keine besonderen Ansprüche.

Ernte: Ab Mitte bis Ende Mai kann mit der Ernte der feinen Blätter begonnen werden.

Küchentipp: Bitte nicht mitkochen, sondern zum Schluss als Würze an Suppen, Saucen, Salate, Gemüse-, Fisch- und Geflügelgerichte geben. Kerbel verleiht jedem Gericht eine appetitlich grüne Farbe.

Kerbeltee

Ein Kerbeltee eignet sich mit anderen Frühlingskräutern wie Löwenzahn, Schafgarbe und jungen Brennnesseln hervorragend für die Frühjahrskur.

Ich kann mir auch keine Gründonnerstagssuppe ohne Kerbel, egal ob wild oder aus dem Garten, vorstellen. Diese Suppe hat bei uns eine lange Tradition, und der würzige Kerbelgeschmack verleiht ihr sowie generell allen Suppen das gewisse Etwas.

Knoblauch

Allium sativum

Das Gewürz der inneren Reinigung schlechthin, bereichert Knoblauch unsere Küche schon seit mehreren tausend Jahren. Bereits die alten Ägypter gaben ihren Sklaven beim Pyramidenbau reichlich Knoblauch zu essen, um deren Leistungsfähigkeit zu erhalten. Bei den Griechen, Römern, aber auch bei den alten Germanen war Knoblauch sowohl als Gewürz als auch als Heilmittel geschätzt.

Falls Sie die »Nebenwirkungen« scheuen: Außer einem Schluck Milch hilft auch das Kauen von Petersilie, Pfefferminze, Kaffeebohnen, Thymian oder Kerbel gegen die typischen Ausdünstungen

Vom Knoblauch wissen wir, dass er die Durchblutung fördert und die Blutgefäße elastisch erhält.

Knoblauchextrakt wird zur Senkung des Blutdrucks und der Cholesterinwerte eingesetzt.

und wirkt der Isolation nach dem Genuss entgegen.
Beschreibung: Der Knoblauch gehört zur Familie der Liliengewächse und ist direkt mit dem Lauch und auch der Zwiebel verwandt. Im Juli und August öffnen sich die auf einem kräftigen bis zu 50 cm langen Blütenschaft thronenden kugeligen Blütenstände mit kleinen rosa Blüten. Die »Frucht« besteht aus einer so genannten Hauptzwiebel und den Nebenzwiebeln, die wir als »Zehen« in der Küche verwenden.
Seinen einzigartig scharfen Geruch erhält der Knoblauch von seinen schwefelhaltigen ätherischen Inhaltsstoffen. In der Naturheilkunde sagt man den Mineralstoffen und Spurenelementen antiseptische, blutdrucksenkende und appetitfördernde Wirkung nach. Sie wirken auch positiv auf unser Immunsystem und sind ein wunderbares Hausmittel gegen Arterienverkalkung. Wenn da nur nicht sein Geruch wäre …
Pflege: Der Knofi oder Stinkwurzerl, wie er im Volksmund noch heute oftmals genannt wird, wächst eigentlich in jedem Boden und braucht keine aufwendige Pflege – nur ein sonniges Plätzchen. Besonders wohl fühlt er sich im Erdbeerbeet und zwischen Salatköpfen.
Die optimale Pflanzzeit ist der März, leichte Nachtfröste, wie sie im Frühjahr noch manchmal vorkommen, machen ihm nichts aus. Ich zerteile eine Knoblauchzwiebel in die einzelnen Zehen und stecke diese im Abstand von ca. 20 cm jeweils ca. 5 cm tief in die Erde. Gedüngt wird nicht, denn das bekommt dem genügsamen Knoblauch nicht sonderlich.
Ende August/Anfang September ist auch noch eine so genannte Sommerbepflanzung möglich, geerntet wird dann schon im kommenden Frühjahr.
Ernte: Der richtige Erntezeitpunkt für den Knoblauch ist gekommen, wenn die Blätter gelb werden und einzutrocknen beginnen. Das kann je nach Witterung schon Ende August oder bei schönem Wetter bis Ende September sein, bei der Sommerbepflanzung das späte Frühjahr des Folgejahres.
Ich nehme bei der Ernte die Knoblauchzwiebeln vorsichtig aus der Erde, klopfe die restliche Erde ab und flechte das Ganze zu einem Zopf, der an einem hellen Ort ohne direkte Sonneneinstrahlung (Garage oder Holzhütte) zum Trocknen aufgehängt wird.
Küchentipp: Sparsam zu Suppen, für alle Salate, Gemüse, Steaks, Saucen, Fleisch, Kartoffelsuppe, Kräuterquark, Käse- und Fleischfondue.

Leckere Knoblauch-Triebe

Wer genügend Knoblauch ausgesetzt hat, kann das ganze Frühjahr hindurch bis zur Hälfte der jungen Triebe abschneiden. Fein gehackt, in Salate oder aufs Butterbrot, ist das ein gesunder Hochgenuss!

Kümmel

Carum carvi

Der Kümmel ist eine der ältesten Heilpflanzen der Geschichte. Man fand auf ägyptischen Schriftrollen, die über 3000 Jahre alt sind, Hinweise auf die Kümmelsamen. Auch die alten Römer mengten deftigen Speisen und Brot Gewürze mit Kümmel bei. Achtung: Kümmelsamen sollten niemals als Vogelfutter verwendet werden, da schon wenige Samen für Vögel tödlich sind.

Kümmel ist nicht nur wichtig zum Würzen von Ente und Gans, sondern schützt vor Blähungen, macht Fett besser verdaulich, bekämpft Mundgeruch und Magenkrämpfe.

Kümmel hilft bei der Verdauung

Kümmel besitzt eine stärkende Wirkung auf Magen und Darm, regt die Verdauung an, hilft gegen Blähungen und lindert Magenkrämpfe. Bei stillenden Müttern fördert er zudem die Milchbildung.
Für einen Erwachsenen werden zur Teeherstellung 1 EL des Samens mit dem Messerrücken angedrückt und kurz in Wasser aufgekocht, bei Kindern nimmt man 1 TL. Von diesem Tee trinkt man morgens und abends eine Tasse.

Beschreibung: Die kleinen länglichen, schwarzen Kümmelkörner sind die Früchte einer Pflanze, über deren Aussehen man sich in der Regel keine Gedanken macht. Im ersten Jahr seines zweijährigen Lebens entwickelt der Kümmel eine fleischige, möhrenartig riechende Wurzel und eine unscheinbare Blattrosette. Erst im darauffolgenden Jahr wächst daraus ein bis zu 1 m hoher Stängel, der sich im oberen Bereich verzweigt und als Krönung im Mai bis Juni weiße bis rötliche Blütchen trägt. Die grasgrünen Blätter des Kümmels werden von unten nach oben zu immer fiedriger.

Mehrjährige Kombinationen

Kümmel nie mit Fenchel zusammenpflanzen. Die beiden Pflanzen vertragen sich nicht und würden beim Anbau auf einem Beet darunter leiden.

Pflege: Was den Standort angeht, ist der Kümmel nicht besonders wählerisch und wächst selbst in rauen Lagen. Besonders gut gedeiht er in tiefgründigen, nährstoffreichen und kalkhaltigen Böden. Halbschatten verträgt er gut. Nässe sollte vermieden werden. Die Aussaat erfolgt von Ende März bis Mitte April oder von Ende Juli bis Anfang August im Freiland.
Ernte: Wenn sich die Dolden braun färben und somit die Samen reif sind, werden sie abgeschnitten und im Schatten getrocknet. Ist der Samen trocken, wird er aus den Dolden geschüttelt und in einem verschlossenen Behälter aufbewahrt.

Küchentipp: Kümmel schmeckt zu Brot, Sauerkraut, Kohlgemüse, Kartoffeln, Eintopf, Wurst, Käse und Gemüsesuppen. Am stärksten ist die Würzkraft, wenn der Kümmel gemahlen wird. Die jungen Blätter können auch als Salatwürze verwendet werden.

Liebstöckel

Levisticum officinale

Das scharf-würzig nach Maggi schmeckende Kraut stammt vermutlich aus Persien und war bereits den Römern bekannt – jedoch nicht als Gewürz-, sondern als Liebeskraut, denn es wurde als Aphrodisiakum verwendet. Daher stammt sein aus dem Latein frei übersetzter Name »Luststock«. Aber es gilt auch als verdauungsfördernd.

Beschreibung: Das Liebstöckel ist eine bis zu 2 m hohe aufrecht-buschig wachsende mehrjährige Pflanze. Von Ende Juni bis Ende August trägt sie gelbgrünliche Blüten, die wunderbar würzig duften.
Pflege: Liebstöckel ist ein sogenannter Tiefwurzler, der am besten im Halbschatten gepflanzt wird. Bei uns ist es Brauch, Liebstöckel immer an der Nordseite des Hauses zu setzen. Es wird im Gegensatz zu anderen Kräutern im Herbst radikal am Boden abgeschnitten, damit es in seinem Wuchs nicht aus den Fugen gerät.
Ernte: Ab Mitte Mai können die Blätter geerntet werden.
Küchentipp: Aufgrund des intensiven Geschmackes bitte sparsam verwenden. Für Saucen, Suppen, alle Gemüse, Reis und Eintöpfe.

Schon Hildegard von Bingen und Paracelsus haben Liebstöckel als Naturarznei genutzt. Das Küchenkraut fördert den Harnfluss, entwässert und regt den Appetit an.

Majoran

Origanum majorana

Majoran war einer alten Sage nach das Lieblingskraut der Göttin Aphrodite – und das vor allem aufgrund der ihm zugeschriebenen aphrodisierenden Wirkung. Er ist eng verwandt mit seinem mediterranen Verwandten, dem Oregano, der vom Geschmack her freilich noch ein bisschen intensiver ist.
In der Naturheilkunde ist er bekannt als Kraut, das die Fettverdauung fördert, außerdem wirkt er verteilend.
Beschreibung: Der Majoran ist eine buschige, horstbildende Pflanze, die eine Höhe von bis zu 60 cm erreichen kann. Sehr ähnlich ist sein mediterraner Vetter, der Oregano. Sicher kennt man die beiden an der Blattform und an der Farbe der Blüten auseinander: Die des Majoran sind weißlich bis beige, die des Oregano hellviolett (siehe Seite 62).
Pflege: Majoran ist im Gegensatz zum Oregano ein einjähriges Kraut, das entweder durch Aussaat oder als fertiges Pflänzchen im Garten gepflanzt werden kann. Bitte setzen Sie ihn niemals neben Thymian, da sich die beiden absolut nicht ausstehen können.
Als Standort tut ihm ein sonniges Plätzchen mit gelegentlicher Wassergabe gut.
Ernte: Ab Mitte April können bis in den Spätherbst hinein die Triebe und Blätter des gesamten Krautes geerntet werden. Das meiste Aroma hat der Majoran während der Blütezeit.

Majoran macht fette Speise besser bekömmlich und stärkt die Nerven.

Petersilie ist reich an Vitamin C und schützt damit vor Erkältungen und Stress. In früheren Zeiten galt die Petersilie – roh gekaut – als Potenzmittel.

Küchentipp: Köstliche Würze für Kartoffelsuppe, Pilzgerichte, Enten- und Gänsebraten, Hühnchen, Gemüse, Salate, Leber, für Rohkost und Diät, Saucen und Leberknödel.

Petersilie

Petroselinum crispum

Sie werden vielleicht überrascht sein, aber genau genommen gehört die Petersilie zu den mediterranen Kräutern, denn man fand Aufzeichnungen von den alten Griechen, in denen sie schon erwähnt wurde. Sie hatte damals einen hohen Stellenwert in der Küche und fand auch als Heilkraut Verwendung. Die Petersilie bringt die Verdauung in Schwung und wurde im Mittelalter zu einem wirksamen Abtreibungsmittel verarbeitet.

Beschreibung: Die Petersilie gehört zur großen Familie der Doldenblütler und besitzt gelblichweiße Wurzeln, die in der Küche Verwendung finden. Sie ist ein zweijähriges Kraut, das heißt, im ersten Jahr bildet sich nur eine Blattrosette, im darauffolgenden Jahr wird sie bis zu 80 cm hoch; erst jetzt entfalten sich die aromatischen Blätter auf starken, kantigen Stängeln. Man unterscheidet zwei Formen: die glattblättrige, aromatischere und die krausblättrige, etwas fade schmeckende, die vorwiegend als Dekoration für Speisen verwendet wird.

Petersilien-Pesto

Zubereitung: 2 Handvoll Petersilienblätter in eine Schüssel geben und mit Olivenöl auffüllen (ca. 1 Tasse). Mit einem Pürierstab kräftig durchmixen. Dazu 2 EL geriebene Pinienkerne und 1 EL Parmesan geben. In ein sauberes Glas schütten und mit Olivenöl auffüllen. Ca. 2 cm über dem Pesto nochmals Olivenöl als »Versiegelung« aufgießen. Kühl gestellt hält das selbst gemachte Pesto bis zu einem Dreivierteljahr – genau so lange, bis es wieder frische Petersilie im Garten gibt.

Pflege: Mitunter ist die Petersilie etwas schwierig. Manchmal wächst sie wie ein Wald, und das nächste Jahr bleibt sie aus oder wächst verkümmert. Am wichtigsten ist, sie niemals zwei Jahre hintereinander auf ein und demselben Fleck auszusäen. Ich nehme nach einigen Misserfolgen immer die Aussaat meiner eigenen Pflanzen vom Vorjahr, und das funktioniert meistens. An den Boden stellt sie auch einige Ansprüche: Er sollte tiefgründig und humusreich sein, also ein guter Gartenboden. Wie die meisten Küchenkräuter braucht auch die Petersilie keinen Dünger.
Ernte: Sobald die gewünschte Pflanzendichte erreicht ist, kann mit der Ernte begonnen werden. Lassen Sie aber bitte an jeder Pflanze einige Blattstängel stehen, damit sie auch sicher wieder kräftig nachtreibt. Wer im Herbst einen Petersilien-Überschuss im Garten hat, kann die Blätter entweder trocknen, wobei sie allerdings einen Großteil des Aromas verlieren, oder die Blätter fein hacken und einfrieren. So können Sie auch den ganzen Winter über kräftig-würzige Petersilie zum Kochen verwenden.
Küchentipp: Entweder frisch oder als Pesto für Fleischwaren, Suppen, Saucen, Salate, zu Hülsenfrüchten, Hackbraten, Steaks, gekochtem Fisch.

Schon im Frühling im Kräutergarten präsent: die Pimpinelle.

Pimpinelle

Sanguisorba minor

Die heilige Hildegard von Bingen und auch Paracelsus empfahlen die Pimpinelle, auch Kleiner Wiesenknopf genannt, als antiseptisches Heilmittel mit leicht blutstillender Wirkung.
Beschreibung: Die Pimpinelle ist eine aufrecht wachsende, horstbildende Pflanze, die an einem passenden Standort unverwüstlich ist. Sie wird je nach Sorte und Standort zwischen 15 und 40 cm hoch und kann einen recht ausladenden Wuchs aufweisen. Ihre Blüten wachsen auf den kräftigen Stängeln. Hauptblütezeit ist von Juni bis Juli. Hübsch sind die gefiederten länglichen und an den Rändern gezackten Blätter.
Pflege: Die Pflanze hat keinen sonderlich hohen Nährstoffbedarf und gedeiht auf fast jedem Boden. Sie liebt einen halbschattigen Standort im Kräutergarten oder in der Kräuterspirale.
Ernte: Da die Pimpinelle bis in den Winter hinein grün bleibt, können die jungen Blättchen fast das ganze Jahr geerntet werden.
Küchentipp: Quarkaufstrich, Gemüsesuppen, Rohkost und Salate – was wären sie ohne die köstliche Pimpinelle?

Schnittlauch

Allium schoenoprasum

Wissen Sie eigentlich, warum man Suppen mit fein geschnittenem Schnittlauch dekoriert? Um die Verdauung anzuregen, den Appetit zu animieren, Magenschmerzen und Blähungen vorzubeugen oder zu lindern …
Eigentliche Heimat des Schnittlauchs sind die kühleren Gegenden Europas, wo er auch heute noch verbreitet als Wildkraut vorkommt, und ich kann Ihnen versichern, es gibt nichts Köstlicheres als ein Butterbrot mit würzig-aromatischem Wildschnittlauch. Da ich ja aus dem kühlen Pongau des Salzburger Landes komme, war es bei uns eine Selbstverständlichkeit, den Schnittlauch nicht aus dem Kräutergarten, sondern frisch von der Wiese zu holen. Ich habe in den letzten Jahren mehrfach versucht, Wildschnittlauch auch in meinem Kräutergarten anzusiedeln. Leider mit mäßigem Erfolg, denn er verlor schon bald nach dem Einpflanzen seine würzige Note.
Beschreibung: Der Schnittlauch ist eine aufrecht wachsende, mehrjährige Pflanze, die bis 30 cm hoch werden kann. Die hell- bis dunkel-

Wird Schnittlauch ganz fein geschnitten, sodass der Saft mit den ätherischen Ölen rasch vom Körper aufgenommen werden kann, entwickelt er enorme gesundheitsfördernde Kräfte.

violetten Blüten blühen den ganzen Sommer über und sind eine schöne Dekoration für Salate.
Pflege: Der Schnittlauch ist winterhart, wächst auf fast jedem Boden und liebt vom Standort her eher halbschattige Fleckchen im Kräutergarten.
Da ältere Schnittlauchstöcke gerne etwas verhorsten, lasse ich im Spätsommer immer einige Blütenstände stehen, die sich dann von selbst aussäen und so wieder für lecker-würzigen Nachwuchs sorgen. Die alten Schnittlauchstöcke werden im Herbst geteilt.
Ernte: Die feinen Röhrchen kann man das ganze Jahr über schneiden, die Blüten nehme ich zur Herstellung von Kräuteressig – das sieht nicht nur dekorativ aus, sondern schmeckt auch!

Küchentipp: Der Schnittlauch treibt als eines der ersten Gartenkräuter aus und kann bereits ab Ende April geerntet werden. Hierfür mit einem Messer ein Bündchen am Boden abschneiden. Die Blüten nehme ich zur Herstellung von Kräuteressig, als Dekoration von Kräuterbutter oder Aufstrichen – sieht nicht nur dekorativ aus, sondern schmeckt auch!

Die Südländer

Italo-Kräuterklassiker wie Rosmarin, Oregano, Salbei und Basilikum wecken Erinnerungen an den Urlaub im Süden, wenn man sie nur riecht! Rosmarin wächst als Strauch mit glänzenden, dunkelgrünen, fast nadelförmigen Blättern und verströmt einen aromatischen, harzigen Duft. Wie kaum ein anderes Kraut steht Basilikum für italienische Genüsse. Es gibt nichts Köstlicheres als Tomaten mit Mozzarella und frisch geerntetem Basilikum aus dem eigenen Garten. Wenn dann auch noch die Sonne lacht, ist das mediterranes Feeling pur!

An den Südländern zu schnuppern, macht einfach gute Laune. Neben den Klassikern gibt es aber auch noch viele andere Kräuter, die ihren bekannteren Vettern hinsichtlich Duft und Geschmack in nichts nachstehen. Einer meiner Lieblinge ist der Salbei. Als Tee ist er in unseren Gefilden eher verpönt, obwohl seine Heilwirkung beinahe einzigartig ist. Meine Großmutter sagte immer passend: »Wer einen Salbei im Garten hat, dürfte eigentlich gar nicht krank werden.« Auch in der Küche zu Geflügel, Schweinefleisch oder in Saucen schmeckt Salbei fantastisch. Im Garten macht er ebenfalls viel her, denn es gibt auffallend buntblättrigen, herb duftende Blattschönheiten unter den Salbeiarten. Von Weiß/Grün reicht das Spektrum bis hin zu Dunkelrot. In meinem Kräutergarten steht eine alte Salbeipflanze zusammen mit der Vanilleblume, die vom Frühsommer bis in den Herbst ein duftendes Aroma verströmen.

Die Kultur ist bei allen mediterranen Kräutern die gleiche. Sie lieben durchlässige, trockene und ausgemagerte Böden und einen sonnig-warmen Standort. Sie brauchen keinen Dünger und wollen nur an besonders heißen Tagen abends gegossen werden.

Mediterrane Kräuter lieben Sonne und einen eher trockenen Boden. Ist die Erde zu fest, so sollte Sand untergemischt werden, damit es zu keiner Staunässe kommt.

Basilikum

Ocimum basilicum

Basilikum zählt mit Sicherheit zu den beliebtesten Sommerkräutern. Seine eigentliche Heimat ist Sizilien, wo es nicht nur als Würzkraut, sondern auch als hervorragendes Heilkraut gegen Blähungen und Sodbrennen angewandt wurde. Auch dieses Kräutlein brachten die Mönche von ihren weiten Wanderungen mit in die Kloster- und später in die Bauerngärten.

Beschreibung: Das Basilikum ist eine buschig wachsende einjährige Pflanze. Sie kann je nach Witterungsbedingungen und Pflege bis zu 40 cm hoch werden. Die weißen Blütchen, die sich von Juli bis Ende August zeigen, tragen ein wundervolles Aroma. Es gibt die verschiedensten Zuchtformen, sodass die Blätter hell- bis dunkelgrün oder blaugrün sein können, ihre Form ist aber stets oval, rund oder spitz auslaufend. Das wundervoll sonnige Aroma des frischen Basilikums bringt den Sommer in die Küche.

Pflege: Das Kraut hat einen großen Bedarf an Wärme und hasst nichts mehr als nasse Blätter – bitte dies auch beim Gießen beachten! Meine Basilikumpflänzchen werden auch niemals ins Freie gesetzt, sondern bleiben in Töpfchen. Man kann sich eine Pflanze im Supermarkt kaufen, muss sie jedoch pikieren, das heißt vereinzeln, damit sie mehr Platz im Topf hat und gedeihen kann.

Von der Witterung her braucht der Basilikum sogenanntes Bikiniwetter, das heißt: erst ins Freie, wenn es wirklich warm ist. Ich stelle meine Töpfchen auf die Terrasse an eine geschützte Stelle, wo es tagsüber warm ist und die Pflanze bei Schlechtwetter nicht nass wird.

Ernte: Junge Triebe können ab dem Frühjahr die ganze Kulturzeit über geerntet werden. Wenn Sie eine besonders ertragreiche Ernte haben, empfehle ich, das Basilikum fein zu hacken und einzufrieren; getrocknet schmeckt es fade.

Küchentipp: Das würzig frische Aroma des Basilikums passt zu fast allen Gerichten der mediterranen Küche, sei es zu Tomaten, Salaten, Käse oder Kräuterbutter.

Im Mittelalter überreichten junge Männer ihren Angebeteten ein Sträußchen Basilikum als Zeichen ihrer Liebe.

Oregano

Origanum vulgare

Schon Julius Cäsar lobte die Heilkräfte von Oregano. Verwundeten Soldaten wurden mit Oregano die Wunden ausgewaschen – man kannte bereits damals die antiseptische Wirkung dieses unscheinbaren Heilkrautes. Heute nimmt man es vorwiegend als Würzkraut der italienischen Küche, obwohl es sich auch wunderbar als Salzersatz in der Diätküche eignet. Meine Großmutter füllte Oregano immer in kleine Leinensäckchen, als Mottenschreck für den Kleiderschrank. Funktioniert super!

Beschreibung: Der Oregano ist eine buschige, horstbildende Pflanze, die auch in unserer Gegend mehrjährig ausgezeichnet gedeiht. Sie wird bis zu 60 cm hoch und ebenso breit. Achtung: Durch Wurzelausläufer breitet sie sich gerne großflächig aus. Ihre hellvioletten Blüten locken viele nützliche Insekten an. Besonders die Bienen scheinen den mediterranen Geschmack des Oregano zu lieben.
Pflege: Dieser köstliche Südländer ist ein absolut pflegeleichtes Kraut, das nur hin und wieder von Blattläusen heimgesucht wird. Kalter Kaffeesatz rund um die Pflanze beugt dem vor, denn Ameisen hassen Kaffeeduft – und ohne Ameisen keine Blattläuse!
Im Herbst sollten Sie den Oregano unbedingt zurückschneiden, denn er kann wirklich beachtliche Ausmaße annehmen.
Ernte: Das ganze Kräuterjahr über können Sie die jungen Triebe ernten und in der Küche oder als Magentee verwenden.

Oregano hilft Magen und Darm

Wissenschaftler haben herausgefunden, dass Oregano durch seinen Gehalt an Bitterstoffen, Gerbstoffen und ätherischen Ölen ein ausgezeichnetes Mittel bei Erkrankungen des Magen- und Darmtraktes ist. Beim Zerreiben der Blätter riecht Oregano ähnlich wie Thymian und kann wie dieser auch als Hustentee benutzt werden.

Küchentipp: Es gibt meiner Meinung nach kein aromatischeres Kraut zu Salatsaucen, Lamm, Spaghetti, Pizza, Seefisch, Suppen, Eierspeisen, Gemüse und überhaupt allen italienischen Gerichten.

Rosmarin

Rosmarinus officinalis

Schon die Griechen liebten den Rosmarin und weihten ihn ihrer Göttin Aphrodite. Im frühen Mittelalter geriet er etwas in Vergessenheit, fand dann aber durch die Mönche den Weg in die Kloster- und Kräutergärten. In der Naturheilkunde sagt man ihm nach, er fördere das Erinnerungsvermögen und helfe gegen leichte Depressionen. Tatsache ist, dass er anregend

Oregano fördert die Verdauung und beruhigt den Magen.

Rosmarin sorgt nicht nur für eine unglaubliche Geschmacksvielfalt, sondern entwickelt auch enorme Heilkräfte.

auf das Gehirn wirkt und nebenbei noch leichte Kopfschmerzen lindert. Aber er hat noch viele andere wunderbare Eigenschaften: Er regt nicht nur den Appetit, sondern den gesamten Körper an. Er fördert die Magensaftsekretion, entkrampft die Gallenwege und stärkt die Leberfunktion. Durchblutung und Stoffwechsel werden verbessert. Und er macht fette Speisen bekömmlicher. Sein einziger Nachteil – er ist nicht winterhart.

Beschreibung: Rosmarin ist eine wunderschöne, buschig aufrecht wachsende mehrjährige Pflanze. Ältere Exemplare können ohne Weiteres bis zu 150 cm hoch werden. Ich liebe die kleinen hellvioletten Blüten, die von Mai bis Anfang Juni blühen. Die Rosmarinnadeln, die eigentlich Blätter sind, wachsen aufrecht und zeigen ein sattes Grün.

Pflege: Das Wichtigste bei der Rosmarin-Pflege ist, wenig zu gießen. Die Ansprüche an den Boden sind gering, da sich der Nährstoffanspruch in Grenzen hält. Ich überwintere meine Rosmarinstöcke in Töpfen im Treppenhaus oder in der Garage, je nach Witterung.

Ernte: Geerntet werden die frischen Blättchen und junge Triebspitzen, auch im Winterquartier.

Küchentipp: Rosmarin passt hervorragend zu Gemüsesuppen und allen Gerichten, die einen mediterranen Geschmack haben sollen. Außerdem zu Hühnchen, Kräutersaucen, Pilzen, Kartoffeln, Fisch, Wild-, Schaf- und Lammbraten, Eierteigen und zu Salaten.

Rosmarin überwintern

Wer kein Treppenhaus oder keine Garage hat, kann Rosmarin auch im Kellerschacht überwintern. Den in einen Topf gepflanzten Rosmarin auf eine Styroporplatte stellen und mit trockenem Laub oder Reisig warm einpacken. Hin und wieder – nur an frostfreien Tagen – mit handwarmem Wasser gießen.

Salbei wirkt mit seinen Bitterstoffen gegen Erkältungen, speziell gegen Heiserkeit und Halsschmerzen, stärkt aber auch die Atemwege.

Salbei

Salvia officinalis

In der Antike glaubte man, dass diejenigen, die Salbei in ihren Gärten ziehen, unsterblich werden. Möglicherweise deshalb galt er über Jahrhunderte als Wunderarznei. Hildegard von Bingen empfahl Salbei gegen Fieber und Nierensteine sowie gegen Schlaflosigkeit und schlechten Atem. Im Mittelalter putzte man sogar mit ihm die Zähne.

Beschreibung: Ältere Stauden können eine beachtliche Höhe von bis zu 70 cm erreichen. Die Pflanze ist mehrjährig und blüht je nach Sorte von Violett bis zu einem kräftigen Blau. Die wollig behaarten Blätter gibt es von tiefgrün über hellgrün, gräulich bis hin zu weiß/grün. Sie schmecken würzig und leicht bitter.

Pflege: Bitte achten Sie unbedingt darauf, Ihren Salbei erst im Frühling zurückzuschneiden, da die Staude den ganzen Winter über von den Blattsäften zehrt. Man sollte Salbei auch nicht länger als 5 bis 7 Jahre am selben Standort belassen, da er sonst verkümmert. Einfach die Pflanze ausgraben,

Muskateller-Salbei spielt in der Aroma-Therapie eine große Rolle.

teilen und an einem anderen trockenen, mageren Ort mit viel Sonne wieder einsetzen.
Ernte: Die jungen Blättchen können das ganze Jahr über geerntet werden. In milden Wintermonaten behalten sie Aroma und ätherische Öle. Wenn Sie im Herbst Ihren Gartensalbei im Kräutergarten auspflanzen, bitte unbedingt mit Winterschutz warm einpacken.
Küchentipp: Schmeckt hervorragend zu Geflügel (vor allem Ente und Hähnchen), Meeresfisch, Leber, Eintöpfen, Wildbret, Salaten, Pasteten, Käseauflauf und Tomaten.

Thymian

Thymus vulgaris

Das griechische Wort »thymos« bedeutet Kraft und Mut. Aus diesem Grund nahmen griechische Krieger vor jeder Schlacht ein Thymianbad. Nur wenige wissen, dass der Thymian nicht nur ein wunderbares Küchenkraut, sondern auch ein unverzichtbares Heilkraut ist. Er wirkt als Tee getrunken gegen Husten und leichte Bronchitis.
Beschreibung: Thymian wächst mehrjährig kompakt-buschig an fast jedem sonnigen Plätzchen. Er wird je nach Sorte bis zu 30 cm hoch und breitet sich als Bodendecker gerne etwas aus. Es gibt eine Vielzahl von Thymian-Züchtungen – von Zitronen- über Orangen-Thymian bis hin zu leicht nach Minze duftenden Pflanzen.
In meinem eigenen Kräutergarten wachsen nur Zitronen-Thymian und der herkömmliche »echte« Thymian, da ich ehrlich gesagt mit den exotischeren Varianten nicht viel anfangen kann. Der »klassische« Thymian riecht stark aromatisch und schmeckt aromatisch-bitter.

Thymian ist immergrün und voll frosthart. Im Garten möchte er einen sonnigen Standort und lockere Böden.

Salbei – Mittel gegen Entzündungen

Salbei regt die Verdauung an, beeinflusst Magen und Darm, begünstigt Fettverdauung und Stoffwechsel, löst Krämpfe und dämmt entzündliche Prozesse in den Verdauungsorganen ein. Aufgrund seiner antiseptischen Wirkstoffe hilft er auch bei Zahnfleischbluten und Halsschmerzen.

Thymian als Heilkraut
Thymian fördert die Verdauungssaftbildung, regt den Appetit an, wirkt Blähungen und Krämpfen entgegen, regt Stoffwechsel und Durchblutung an, unterstützt die Galle und entlastet die Leber.

Ysop sollten Sie nie mitkochen, denn dann verliert er sein Aroma. Er wird immer erst an die fertigen Speisen gegeben.

Pflege: Thymian bevorzugt trockene, steinige Standorte und ist sehr anspruchslos – eine wunderbare Bepflanzungsidee für Steingärten. Ich schneide meinen Thymian, wenn überhaupt, dann nur im Frühling zurück. Bitte beachten Sie: Niemals Thymian und Majoran nebeneinandersetzen, da sich die beiden nicht ausstehen können.
Ernte: Thymian kann man praktisch das ganze Jahr über frisch ernten auch im milden Winter. Darum lohnt es sich kaum, ihn zu trocknen.
Küchentipp: Thymian passt hervorragend zu Schweinebraten, Geflügel, Saucen, zu Kartoffelgerichten, Gemüsesuppen, Rohkost, Tomaten, Salaten und Fleisch.

Ysop

Hyssopus officinalis

Der Ysop ist ein echter Italiener mit langer Tradition und Geschichte. Die frühen Christen betrachteten ihn als heiliges Kraut von großer Heilkraft. Über die Benediktiner gelangte er in unsere Gärten. Man fand Aufzeichnungen der Hildegard von Bingen aus dem 12. Jahrhundert, in denen auch der Ysop angeführt ist. Viele Jahrhunderte wurde Ysop in der Naturheilkunde als Heilmittel bei chronischem Husten und Asthma verwendet. In den letzten Jahren ist er etwas in Vergessenheit geraten, gewinnt aber seit einiger Zeit wieder an Bedeutung.
Beschreibung: Ysop ist eine mehrjährige, kompakt wachsende Staude, die bis zu 60 cm hoch werden kann und eine Breite von bis zu einem halben Meter erreicht. Die Farben der wunderbar duftenden Blüten reichen von zarten oder intensiven Rosatönen bis hin zu kräftigem Lila. In der Hauptblütezeit von Juli bis August lockt der etwas an Bohnenkraut erinnernde Geschmack viele Schmetterlinge und Bienen an. Besonders häufige Gäste sind Zitronenfalter und Kohlweißling.
Pflege: Wie alle mediterranen Kräuter stellt Ysop nur einen Anspruch an den Boden – mager, also trocken, steinig und tiefgründig, muss er sein. Gegossen werden meine Ysopstauden nur, wenn es sehr trocken ist. Der Rückschnitt sollte radikal, ca. 30 cm über der Erde, und im Herbst erfolgen, da das Kraut sonst ähnlich dem Lavendel zu sehr verholzt und unansehnlich wird.
Ernte: Geerntet werden die frischen Blätter und Triebspitzen während der gesamten Vegetationsperiode. Zum Trocknen werden die Triebe kurz vor oder zu Beginn der Blüte abgeschnitten.
Küchentipp: Sparsam angewandt, passt Ysop hervorragend zu Sommersalaten, kräftigen Gemüse- und Kartoffelsuppen. Die Blüten sind eine wunderschöne Dekoration für Salate, Kräuterbutter oder in den Kräuteressig.

Ysop gegen Husten
Bei Husten empfehle ich, eine Ysoppflanze auf das Nachtkästchen zu stellen, denn die ätherischen Öle erleichtern das Aushusten und mildern den Hustenreiz.

Die Gesunden

In allen Kulturen seit Bestehen der Menschheit spielten Kräuter bei der Behandlung von Krankheiten eine herausragende Rolle. Viele Rezepturen zur Verwendung von Pflanzen in der Naturheilkunde sind von einer Generation zur nächsten weitergegeben worden. So findet man in der Klostermedizin des Mittelalters beispielsweise auch Anweisungen, die auf Schriften und Überlieferungen des alten Griechenlands oder der Römer zurückzuführen sind.
Es sei jedoch davor gewarnt anzunehmen, dass die Anwendung von Heilpflanzen generell ungefährlich ist. Es gibt unter den Heilpflanzen durchaus Arten, die eine starke Wirkung besitzen und bei falscher Anwendung genau das Gegenteil des Gewünschten herbeiführen können. Hierzu gehört beispielsweise der für Laien ausnahmslos giftige Fingerhut. Auch die Anwendung aus unserer Sicht harmloser Arzneipflanzen kann Nebenwirkungen erzeugen – selbst für Baldrian oder Johanniskraut gilt das. Viele Kräuter haben zudem in Kombination mit anderen Kräutern eine ganz andere Wirkung als alleine. Viele Pflanzenarten, die früher in der Volksmedizin angewendet wurden, haben heute als Arzneipflanzen kaum noch Bedeutung. Dazu gehören beispielsweise Haselwurz und Betonie.
Andere haben viele Jahrhunderte überdauert und sind immer noch häufig und wirkungsvoll in der Hausapotheke zu finden – beispielsweise Kamille, Ringelblume und Pfefferminze.
Ich möchte bei diesem Kapitel die Aufmerksamkeit besonders auf die Beschreibung und die Heilwirkung lenken und nachdrücklich darauf hinweisen, dass nur Kräuter angewandt werden dürfen, die man einwandfrei erkennt.

Zu Recht verwenden viele Großmütter die Kamille bei allen Arten von Beschwerden, sie ist schließlich ein echter Tausendsassa!

Arnika

Arnica montana

Seit vielen, vielen Generationen genießt Arnika als Universalheilmittel in der Naturheilkunde einen großen Stellenwert. Die kleinen zarten Blumen wachsen vorwiegend in den Alpenregionen in höheren Lagen und sind streng geschützt. Aus diesem Grund dürfen sie auch nicht gesammelt werden. Selber anbauen kann man sie

Arnika ist selten und steht bei uns unter Naturschutz; die Pflanze sollte daher nicht gesammelt, sondern in Reformhäusern oder Apotheken gekauft werden.

Heilpflanze Arnika

Am bekanntesten sind Arnika-Tinktur und Arnika-Salbe, die entzündungshemmend und heilungsfördernd bei Verstauchungen und Hautentzündungen wirken.
Arnika bitte nur äußerlich verwenden, denn bei innerlichem Gebrauch können starke Nebenwirkungen wie Herzrhythmusstörungen, Schwindel und Magenschmerzen auftreten.
Die in der Apotheke erhältlichen Arnika-Kapseln und andere Medikamente mit dem Inhaltsstoff der Arnika sind unbedenklich, denn sie werden in pharmazeutischer Herstellung erzeugt. Arnika aus der Hausapotheke also nur äußerlich anwenden - Arzneien mit Arnika aus der Apotheke beziehen!

freilich – ich habe seit vielen Jahren ein Arnika-Beet in meinem Kräutergarten.
Beschreibung: Die Arnika ist eine mehrjährige Pflanze, die zwischen 30 und 50 cm hoch werden kann. Die orangegelben Blüten blühen von Mai bis August unaufhörlich. Die Blätter sind leicht gezahnt, tiefgrün und länglich schmal. Ein bisschen erinnert die Pflanze an die Ringelblume.
Pflege: Im Kräutergarten wächst Arnika an halbsonnigen bis sonnigen Plätzen. Sie ist äußerst widerstandsfähig und braucht weder einen hochwertigen Boden noch Dünger. Allerdings haben Arnika im Garten nicht so große Blüten wie wild wachsende und auch kein so kräftiges Blütengelb.
Ernte: Die Blüten für Salben werden von Juli bis August geerntet und getrocknet. Die Arnikawurzeln für Tinkturen erntet man Anfang Oktober, kurz bevor sich die Pflanze zur Winterruhe verabschiedet.

Beifuß

Artemisia vulgaris

Dieses sagenumwobene »Zauberkraut« war lange Zeit eine hochgelobte Heilpflanze. Es ist vielleicht interessant zu wissen, dass der Beifuß eine jener Pflanzen ist, deren Heilwirkung sich erst mit dem Trocknungsvorgang entwickelt. Ich nenne ihn bei meinen Kräuterwanderungen immer den großen Bruder des Wermut, da die beiden aufgrund ihres reichlichen Gehaltes an Bitterstoffen tatsächlich eng miteinander verwandt sind. Sparsam angewandt, wirkt er sich wohltuend auf unseren Verdauungsapparat aus. Übrigens: Beifuß ist ein wunderbares Mittel zur Vertreibung von Stechmücken. 1 Büschel Beifuß, am Bettende aufgehängt, hält die lästigen Viecher fern.
Beschreibung: Der Beifuß ist eine aufrecht wachsende mehrjährige Pflanze, die bis zu 1,5 m hoch werden kann. Er blüht eher unscheinbar in einem zarten Gelb. Seine dunkelgrünen Blätter sind länglich gespalten.

Estragon wurde nachgesagt, dass er Schlangen und Drachen abwehren könne.

Beinwell wurde früher als Heilmittel bei Knochenbrüchen verwendet – daher stammt auch sein Name.

Pflege: Der Beifuß liebt einen sonnigen Standort im Garten, wo er sich frei entfalten darf.
An den Boden stellt er keinen besonderen Anspruch, er darf nur nicht zu nass sein. Gegossen wird nur an besonders heißen Tagen. Da die Pflanze ein äußerst stattliches Volumen erreichen kann, gehört sie im Frühherbst sehr stark zusammengeschnitten. Winterschutz ist nicht erforderlich.
Ernte: Die Ernte findet während der Blüte statt. Zu diesem Zweck werden die oberen Triebspitzen abgeschnitten und anschließend getrocknet.
Küchentipp: In der Küche wird Beifuß zum Würzen von Fleisch-, Fisch- und Geflügelgerichten genutzt.

Beifuß – vielseitig verwendbar

In der Naturheilkunde wird der Beifuß bei Magen- und Darmproblemen, Galle- und Leberleiden, Hämorrhoiden, Kopfschmerzen, Nervenleiden und Übelkeit eingesetzt. Bei meinen Recherchen fand ich in einem alten Kräuterbuch den Eintrag, dass hochschwangeren Frauen ein Beifuß-Ästchen auf den Bauch zu binden sei, um die Geburt unkompliziert verlaufen zu lassen. Beachten Sie bitte, dass es sich um ein Bitterkraut handelt, bei dem gilt: Weniger ist oft mehr!

Beinwell

Symphytum officinale

Bereits Hildegard von Bingen empfahl die in Alkohol »ausgezogenen« Wurzeln zur Behandlung von schlecht heilenden Knochenbrüchen und Gelenkschmerzen. Sie stellte auch sogenannte Wundpflaster aus zerdrückten Beinwellblättern her. Ich empfehle den Beinwell nur äußerlich anzuwenden, da in der gesamten Pflanze krebserregende Wirkstoffe gefunden wurden, wenn auch in äußerst geringer Menge. Bei äußerlicher Anwendung spielen diese keine Rolle.
Beschreibung: Der Beinwell ist eine buschig wachsende, schnellwüchsige und mehrjährige Pflanze, die, wenn man sie im Garten einmal angesiedelt hat, nicht mehr wegzukriegen ist.
Vom Wuchs her ist sie eher eine Solitärpflanze, die bis zu 1,5 m hoch und 1 m breit werden kann. Die lilafarbenen Blüten sehen nicht nur nett aus, sie dienen auch vielen Nützlingen als Nahrung.
Die Blätter sind sattgrün, behaart und werden bis zu 20 cm lang. Angeblich legten sich die Römer bei ihren langen Fußmärschen Beinwellblätter in die Sandalen – was ich mir nicht vorstellen kann, denn sie sind mit ganz feinen Härchen bewachsen, die furchtbar jucken und kratzen.
Pflege: Wenn der Beinwell ein halbschattiges bis schattiges Plätzchen im Garten bekommt, wird er sich bald ausbreiten. In meinem Kräutergarten hat er einen eigenen Standort ganz für sich, da er sich

zu einer ausladend breiten Pflanze entwickeln kann.
Ernte: Die jungen Blätter können ab dem Frühjahr nach Bedarf geerntet werden, die Wurzeln werden im Herbst ausgegraben und getrocknet. Im Herbst deshalb, weil sich da die Wurzel einzieht und auf den Winter vorbereitet, also alle Heilkräfte in der Wurzel stecken.

Beinwell-Salbe

Ein Muss für alle Hobbysportler ist meine Beinwell-Salbe, die wunderbar hilft bei Verstauchung und Gelenkschmerzen der Knie und des Fußgelenkes. Hier das Rezept:

Zutaten:
100 g Beinwell-Ölauszug*)
5 g Lanolin
10 g Bienenwachs

Zubereitung: Das Öl in einem Topf leicht erwärmen, das Lanolin und das Bienenwachs darin schmelzen. In saubere Tiegel füllen und kühl (nicht im Kühlschrank!) lagern. Diese Salbe wirkt, 2-mal täglich angewandt, wunderbar.

***) Beinwell-Ölauszug:**
1 Handvoll Beinwellwurzeln werden fein geschnitten (nicht geschält!) und in einem hellen weiten Glas mit 1 Liter Olivenöl übergossen. 6 Wochen ziehen lassen. Danach abseihen und als Einreibung verwenden oder weiterverarbeiten.

Die Kamille ist eine der bekanntesten Arzneipflanzen, die auch zur Haut- und Körperpflege eingesetzt wird.

Kamille

Matricaria chamomilla

Solange die Menschen mit Naturheilmitteln Krankheiten und Beschwerden behandeln, so lange wird auch schon die Kamille verwendet. Die eigentliche Heimat der Kamille ist Nordasien, mittlerweile wächst sie in ganz Europa wild.
Beschreibung: Die Kamille ist eine einjährige, aufrecht wachsende Pflanze, die sich polsterförmig ausbreitet und bis zu 30 cm Höhe erreichen kann.
Die weißen Blüten mit gelber, erhabener Mitte blühen von Juli bis August. Die Blätter wachsen in den verschiedensten Grüntönen, von Mittel- bis Olivgrün, und sind 3- bis 4-fach gefiedert.
Pflege: Wenn Sie in Ihrem Kräutergarten eine Kamille angesiedelt haben, wird sie bald im ganzen Garten vertreten sein, was aber kein Nachteil ist, denn die Kamille ist nicht nur für uns Menschen ein wunderbares Heilkraut, sondern auch für Boden und Pflanzen. Sie verbessert die Gartenerde und vertreibt so manchen Schmarotzer. Generell ist sie leicht zu pflegen, braucht so gut wie keinen Dünger und nur an heißen Tagen eine kleine Wassergabe.
Ernte: Sobald die kleinen Blütenköpfchen voll aufgeblüht sind, werden sie geerntet und getrocknet.
Gesundheitstipp: Schon Hildegard von Bingen empfahl bei Appetitlosigkeit einen Tee aus Hopfenzapfen, Kamillenblüten und Melissenblättern (zu gleichen Teilen mischen,

1 TL pro Tasse 5–7 Minuten zugedeckt ziehen lassen).
Ein anderes Rezept gegen Durchfall und bei Blähungen:

Zutaten:
20 g Hopfenzapfen
5 g Thymian
20 g Kamillenblüten
20 g Pfefferminzblätter

Zubereitung: 1 TL pro Tasse 5–7 Minuten zugedeckt ziehen lassen. 3–4 Tassen pro Tag sollten eigentlich rasch helfen.

Katzenminze

Nepeta cataria

Diese uralte Heilpflanze wird nicht nur von uns Menschen wegen ihres aromatischen Duftes geliebt, sondern, wie schon der Name sagt, auch von Katzen. Speziell weibliche Katzen fliegen geradezu auf den Duft. Die Katzenminze wurde früher in den Klostergärten gepflanzt, um Schlangen zu vertreiben, ich habe aber keine Ahnung, ob das auch wirklich funktioniert. Wovon ich allerdings überzeugt bin, ist, dass Katzenminze Linderung bei Kopfschmerzen und Migräne bieten kann sowie beruhigend auf das gesamte Nervensystem wirkt. Ich habe übrigens festgestellt, dass Katzenminze unter Rosenstöcke gepflanzt ein toller »Geheimtipp« gegen Ameisen und somit auch gegen Blattläuse ist.
Beschreibung: Die Katzenminze ist eine mehrjährige Staude mit verzweigtem Wuchs. Sie wird bis zu 1 m hoch und kann sich ausbreiten. Die zartrosa Blüten locken von Juni bis September eine Vielzahl von Schmetterlingen, Bienen und Hummeln an, die Blätter sind gräulichgrün bis satt dunkelgrün.
Pflege: Ein sonniges Plätzchen und einen großzügigen Rückschnitt, mehr braucht die genügsame Katzenminze nicht.
Ernte: Es kann im Frühling und Sommer geerntet werden, bevorzugt die frischen Blätter.
Küchentipp: Die jungen, frischen Blätter schmecken aromatisch in Kräutertees und fein geschnitten im Frühlingssalat. Die Blüten ergeben eine hübsche Dekoration für Kräuterbutter und Kräuterquark. Katzenminze-Tee ist ein wunderbar beruhigender Kräutertee, der auch von Kindern getrunken werden kann.

Katzenminze kann als aromatische Zutat zu Kräutertee gegeben werden.

Beruhigender Schlaftee aus Katzenminze

Bei Einschlafproblemen mischt man folgenden Tee aus getrockneten Kräutern:

Zutaten:
20 g Katzenminze
10 g Baldrianwurzeln
20 g Johanniskrautblüten
10 g Kamillenblüten

Zubereitung: 1 TL pro Tasse mit heißem Wasser überbrühen und 5–7 Minuten zugedeckt ziehen lassen. Täglich 1 Stunde vor dem Schlafengehen getrunken, wirkt dieser Tee wunderbar beruhigend.

Mutterkraut

Tanacetum parthenium

Wahrscheinlich stammt unser Mutterkraut aus Griechenland oder Ita-

Die Blätter des Mutterkrauts vermindern nachweislich leichte Migräne.

lien, wo es im Mittelalter ein beliebtes Heilmittel bei Frauenleiden (wofür es auch seinen Namen erhielt), Läusen und Krätzmilben war. In vielen Klöstern wurde es mit Honigwaben in Wein angesetzt, um den Mönchen die Melancholie zu vertreiben. Läuse und Krätzmilben sind weitgehend ausgestorben, für Frauenleiden wird es heute noch verwendet.
Beschreibung: Das mehrjährige Mutterkraut zählt zu den Korbblütlern und bildet ausladende Büsche, die am richtigen Standort bis zu 1 m hoch werden können. Die einfachen weißen Blüten erinnern etwas an die Kamille, mit der das Mutterkraut auch weitschichtig verwandt ist. Die Blätter sind grüngelb gefiedert. Von Juni bis Ende August schmücken die Staude Tausende von lieblichen Blüten, die auch als Blumenschmuck in der Vase wunderschön sind.
Pflege: Das Mutterkraut ist ein ausgezeichneter »Lückenfüller« im Kräutergarten, außerdem sieht das üppig blühende Kraut wunderschön aus, und es ist ganz einfach, es an kahlen Stellen im Garten auszusäen. Was die Bodenbeschaffenheit angeht, ist die Pflanze nicht anspruchsvoll. Eine kleine Kompostgabe im Frühling reicht vollkommen aus.
Ernte: Von Juni bis Ende August können die aufgeblühten Blütenköpfchen geerntet werden. Sie werden auf ein Tuch aufgelegt und getrocknet. Anschließend in dunkle Gläser füllen und trocken aufbewahren.

Mutterkraut-Tee
Vorwiegend verwendet man in der Naturheilkunde bei Menstruationsproblemen einen Tee aus Mutterkraut.
Zubereitung: 1 TL getrocknete oder frische Blüten mit 1 Tasse heißem Wasser überbrühen und 5–7 Minuten ziehen lassen. Ich empfehle schon 3 Tage vor der Regel 2 Tassen täglich. Der Geschmack ist etwas gewöhnungsbedürftig.

Die Ringelblume ist eine ausgezeichnete Heilpflanze bei Quetschungen, Geschwüren und Verbrennungen sowie bei schlecht heilenden Wunden.

Ringelblume
Calendula officinalis

Meine kleinen Sonnen, wie ich sie nenne, stammen eigentlich aus Südeuropa und Asien. Die Ringelblume gilt schon seit dem Altertum als eine der wichtigsten Heilpflanzen. Hildegard von Bingen erwähnt sie in zahlreichen Rezepturen. Meine Großmutter verwendete Ringelblumenblüten als billigen, aber wirkungsvollen Safranersatz, der auch wunderbar gelb färbt.
Beschreibung: Die Ringelblume ist eine aufrecht wachsende, einjährige Heilpflanze, die je nach Sorte bis zu 50 cm hoch werden kann. Sie gehört zur Familie der Korbblütler. Die Blütenfarbe reicht von einem matten Gelb über Dottergelb bis hin zu einem kräftigen Orange. Die Blütezeit dauert vom Frühsommer bis in den September hinein. Die mittelgrünen Blätter sind leicht behaart und haben einen mattgrünen Schimmer.
Pflege: Da sich die Ringelblume auch selbst aussät, kann es vorkommen, dass sie sich kreuz und quer über den Garten verteilt. Ärgern

Wermut wurde den Kindern in die Wiege gelegt, um für guten Schlaf zu sorgen und um Kobolde und böse Geister fernzuhalten.

Sie sich nicht: Die Ringelblume nützt nicht nur den Menschen, sie verbessert auch den Gartenboden, vertreibt im Gemüsebeet die Wurzelälchen und wirkt unter jungen Obstbäumen wachstumsfördernd. Sie stellt keine besonderen Ansprüche an Boden und Nährstoffe.
Ernte: Die Blüten werden den ganzen Sommer über während der Blütezeit geerntet. Die jungen Blätter können Sie klein gehackt Salaten oder Aufstrichen beimischen.

Wermut

Artemisia absinthium

Manchen Menschen stellen sich beim Gedanken an Wermut die Haare auf. Schuld daran ist sein bitterer Geschmack, denn er ist ein klassischer Vertreter der Bitterkräuter. Früher war der Wermut Hauptbestandteil des alkoholischen Getränkes »Absinth«, das heute nicht mehr im Handel ist, denn bei dauerhaftem Genuss kann es Gehirnschäden verursachen.
Beschreibung: Der Wermut zählt zur Familie der Korbblütler. An den grünlichen Stängeln wachsen gräuliche, seidig behaarte, stark gefiederte Blätter. Den ganzen Sommer über schmücken den Wermut kleine gelb-kugelige Blüten. Am richtigen Standort kann er die stattliche Höhe von über 1 m erreichen. Die hochwertigen Inhaltsstoffe der Pflanze befinden sich ausschließlich in den Blättern und Blüten. Diese wirken ausgesprochen appetitanregend, verdauungsfördernd und wohltuend für den Magen. Aber auch hier gilt – nicht übertreiben, täglich 1 bis 2 Tassen Wermut-Tee reichen vollkommen.
Pflege: Der Wermut liebt einen sonnigen Standort und ist generell anspruchslos in der Pflege. Ein leichter Rückschnitt im zeitigen Frühjahr fördert das Wachstum. Lediglich hinsichtlich seiner Standortwahl ist der Wermut sehr kritisch, denn er duldet generell kein anderes Kraut neben sich. Deshalb immer als Solitärstaude etwas abseits in den Garten setzen. Ein kräftiger Rückschnitt im Herbst fördert einen vermehrten Austrieb im kommenden Frühling.
Ernte: Die jungen Blätter kann man von Anfang Mai bis zum Spätherbst ernten.
Küchentipp: Wermut eignet sich aufgrund seiner verdauungsfördernden Inhaltsstoffe hervorragend für alle deftigen Speisen wie Schweinebraten (1–2 Blätter in die Sauce, zum Mitbraten), Hühnchen oder Fisch. Manche mögen den etwas herben Geschmack auch in Eintöpfen. Die mitgekochten Blätter vor dem Servieren entfernen.

Erste Hilfe für Johannisbeeren

Kennen Sie das Problem, dass Johannisbeeren im Frühjahr wunderbar blühen und viele Früchte ansetzen, im Sommer aber der ganze Strauch unansehnlich wird und die Früchte verdorren? Hier hilft eine Unterpflanzung mit Wermut. Darauf bin ich vor vielen Jahren durch Zufall gekommen – funktioniert aber super!

Die Duftenden

Ein Duftgarten ist ein Fest für alle Sinne und entspannt auf ganz natürliche Weise. Wenn ich am frühen Morgen auf dem Weg in meinen Kräuterhexenladen noch rasch eine Nase voll Rosenduft mitnehmen kann, starte ich garantiert gut gelaunt in den Tag und freue mich schon darauf, ihn am Abend umgeben von schwerem Lavendelduft ausklingen zu lassen. Viele Kräuter, die ich bei den »Gesunden« schon beschrieben habe, eignen sich auch hervorragend für einen Duftkräutergarten und sind mit ihren Aromen ein Genuss für unser Wohlbefinden. Im Spätsommer kann man die Duftkräuter ernten, trocknen und zu Duftkissen oder Potpourris verarbeiten, um auch im Winter noch den Sommer zu riechen.

Lavendel- und Rosenduft harmonieren nicht nur sehr gut miteinander, Lavendel hält auch Blattläuse und andere Schädlinge von den Rosen fern.

Lavendel

Lavandula angustifolia

Die Anwendung des Lavendels geht zurück bis zu den alten Griechen. Sie wuschen ihre Füße vor großen Schlachten oftmals in Lavendelwasser. Später verwendete man ihn zum Räuchern, und um ihn ranken sich viele Hexen- und Geisterlegenden. Interessant für alle Kräutergärtner ist, dass es nicht nur eine Form des Lavendels gibt, sondern eine beachtliche Sortenvielfalt von Spezialzüchtungen mit gezahnten, gezackten oder behaarten Blättern. Eines ist aber

immer gleich, der wunderbare Lavendelduft, der in den letzten Jahren wieder vermehrt in Mode kommt.
Allerdings bin ich nicht davon überzeugt, dass er gegen Motten hilft, denn vor einigen Jahren hatten sich in meinem Kräuterlager genau im Lavendelbehälter die Motten angesiedelt!
Beschreibung: Lavendel ist eine sehr buschige, schnell wachsende und mehrjährige Pflanze, die ohne Weiteres eine Höhe bis zu einem halben Meter erreichen kann. Die Blüten reichen von Hell- über Mittel- bis hin zu einem satten Dunkelviolett und sind ein beliebter Treffpunkt für Schmetterlinge und Bienen.
Pflege: Der Lavendel ist eine sehr genügsame Pflanze, die am liebsten in steinigem Boden steht und keine großen Ansprüche an Gießwasser und Dünger stellt. Wichtig ist nur, dass Sie die Staude gleich nach der Blüte auf ca. 30 cm zurückschneiden, damit sie nicht verholzt und unansehnlich wird.

Vielseitiger Lavendel

Lavendel duftet nicht nur aromatisch, er ist auch eine uralte Heilpflanze, die bei Kopfschmerzen wunderbar hilft, denn die Inhaltsstoffe wirken durchblutungsfördernd und krampflösend. Ich empfehle Lavendel-Umschläge bei müden Augen, Krampfadern und unreiner Haut.

Der Muskateller-Salbei ist zweijährig, er blüht also erst im zweiten Jahr und wandert – sich selbst aussäend – munter durch den ganzen Garten.

Ernte: Um bei Lavendelblüten Duft und Farbe zu erhalten, sollte man sie ernten und trocknen, bevor sie ganz aufgeblüht sind.

Muskateller-Salbei

Salvia sclarea

Salbei ist nicht gleich Salbei, denn es gibt neben dem herkömmlichen Garten-Salbei, der bereits beschrieben wurde, noch den großen Bruder, den Muskateller-Salbei. Dieser hat eine nicht weniger interessante Geschichte. So wurden seine stark nach Muskateller duftenden Blüten und Blätter von Weinbauern zur Aromatisierung billigen Weines verwendet, der dann als teurer Muskatellerwein verkauft wurde. Auch die Mönche mochten das feine Aroma und aromatisierten so den Messwein.
Beschreibung: Der Muskateller-Salbei ist eine sehr imposante Staude, die bis zu 1,20 m hoch und ziemlich breit werden kann. Die

Muskateller-Salbei-Essig

Zutaten:

1 l bester Weißweinessig
10 cl Johannisbeersirup
2 Blütenstände des Muskateller-Salbei

Zubereitung: Alle Zutaten in eine Flasche füllen und gut verschließen. 2 Wochen ziehen lassen, täglich gut durchschütteln. Danach sauber abfiltern und abfüllen.

Minze im Zaum halten
Entfernen Sie bei einem leeren 10-Liter-Eimer den Boden. Den Eimer in die Erde eingraben und die Minze einsetzen. Da alle Minzearten Flachwurzler sind, können Sie so ein zu umfangreiches Ausbreiten verhindern.

Blätter sind spitz, und die großen Blütendolden, die ab Mitte Juni ihren wunderbaren Duft verbreiten, gibt es in kräftigem Lila oder in zartem Weiß-Lila.
Pflege: Die Pflanze ist zweijährig, das heißt ihre volle Pracht entwickelt sie erst im zweiten Jahr. Sie sät sich selbst aus, und so kann es schon vorkommen, dass Sie im verschwiegensten Eck Ihres Kräutergartens im Folgejahr Nachkommen Ihres Muskateller-Salbeis finden. Er liebt regelmäßige Wassergaben, ist aber ansonsten sehr genügsam. Nach dem Verblühen die Pflanze nicht abschneiden, sondern einziehen lassen, damit Nachwuchs für die Folgejahre gesichert ist.
Ernte: Sobald die Pflanze im Frühsommer voll entwickelt ist, kann man Blätter und Blüten ernten und weiterverarbeiten.

Pfefferminze

Mentha × piperita

Schon die heilige Hildegard von Bingen lobte die antiseptische Wirkung der Pfefferminze und ihren wohltuenden Einfluss auf den Magen-Darm-Trakt in höchsten Tönen. Alle Minzearten wirken appetitanregend, fördern die Produktion von Gallenflüssigkeit, lindern Blähungen, wirken leicht krampflösend und desinfizierend. Aus diesem Grund eignet sich ein starker Minze-Tee hervorragend bei Zahnfleischbluten und bei Halsschmerzen zum Gurgeln.
Beschreibung: Die Minze ist eine je nach Sorte aufrecht wachsende oder kriechende mehrjährige und unverwüstliche Pflanze. Sie wird zwischen 30 und 60 cm hoch. Die violetten bis rötlich-violetten Blüten sitzen auf rötlichen, kräftigen Stängeln. Die Blätter sind je nach Sorte hellgrün, sattgrün oder violettgrün und hellgrün behaart. Die Blütezeit von Ende Juni bis Ende August lockt viele Insekten an. Die ganze Pflanze riecht stark aromatisch und schmeckt erfrischend.
Pflege: Die Pfefferminze entwickelt im Halbschatten und sogar im Vollschatten ihr bestes Aroma, sonnige Standorte bekommen ihr nicht immer. An Dünger und Gießwasser stellt sie keine besonderen Ansprüche. Bedenken Sie, dass sich die Minze im Garten stark ausbreiten kann, was aber auch von Vorteil sein kann, wenn es beim Rasenmähen erfrischend nach Minze duftet.
Ernte: Geerntet wird, sobald sich die Blütenknospen zeigen, am besten zur Mittagszeit bei Sonnenschein, dann ist der Anteil an ätherischen Ölen in den Blättern am höchsten.
Küchentipp: Zu allen Gemüsearten, Suppen, Mayonnaisen, Kartoffeln, Omeletts, Eintöpfen, Salaten oder ganz einfach als köstlich aromatischer Tee

Pfefferminze: wird häufig zur Aromatisierung von Bonbons eingesetzt.

Rosen

Rosa-Arten

Seit dem 14. Jahrhundert ist die Rose unbestritten die Königin in der Pflanzenwelt und eine der beliebtesten Blumen. Es gibt eine nicht enden wollende Vielzahl von Züchtungen, und ständig kommen neue hinzu. Schade ist nur, dass viele Zuchtformen nicht mehr so duften wie die ersten Rosengenerationen. Doch zum Glück kommen die guten alten Englischen Duftrosen erneut in Mode und sind in vielen Gärtnereien wieder erhältlich. Sie sind robuster als

Duftrosen riechen nicht nur gut, sie können auch in verarbeiteter Form als Rosengelee, Rosenwasser oder Rosensirup wahre Köstlichkeiten darstellen.

die modernen Zuchtformen, blühen aber nur einmal im Jahr – dies jedoch mit unbeschreiblicher Vielfalt und mit unvergleichbarem Duft.
Beschreibung: Die eigentliche Heimat unserer Rosen ist Zentralasien. Sie wachsen zu kompakten buschigen Sträuchern heran, die je nach Sorte bis zu 2 m hoch werden können. Auch Blütezeit, Farbe und Duft richten sich nach der jeweiligen Sorte.
Pflege: Alle Rosen stellen ähnliche Ansprüche an Substrat und Pflege. Sie lieben trockene, lockere Böden mit viel Humus, im Frühling und Herbst eine Gabe Dünger, wobei ich im Frühling frischen Kompost anbringe und im Herbst eine Gabel Pferdemist. Ihre Rosen werden Ihnen diese »Leckereien« mit vielen Blüten und einer großen Krankheitsresistenz danken. Im Herbst die Rosen zurückschneiden und mit Reisig abdecken. Generell sind Rosen winterhart.
Ernte: Ab dem Frühsommer können bei den Duftrosen die (natürlich unbehandelten) Blüten geerntet werden. An einem trockenen Ort werden sie so schnell wie möglich getrocknet und gleich weiterverarbeitet – zum Beispiel zu Rosenzucker, als leckere Beigabe für Rosenessig, in Stoffsäckchen als Duftsackerl oder als aromatischer Zusatz in Kräuter- und Früchtetees oder ganz einfach als duftende Tischdekoration.

Rosenzucker

Zubereitung: 1 EL getrocknete Duftrosenblüten wird mit 250 g Rohrzucker im Mörser fein zerreiben, bis der Zucker die rosa Farbe der Blütenblätter angenommen hat. Eventuell noch 1 Tropfen echtes Rosenöl hinzugeben, und fertig ist eine Rarität, die man sicher nicht überall kaufen kann, die aber köstlich duftend in Tee und auf Gebäck schmeckt!

Zitronenmelisse

Melissa officinalis

Die erste Zitronenmelisse wurde von dem arabischen Arzt Avicenna im 11. Jahrhundert nach Spanien gebracht und kam mit den Mönchen in unsere Gegend. In Kloster- und Bauerngärten war sie ab dann ein gern gesehener Gast. Doch die Zitronenmelisse ist nicht nur eine wunderbare Duftpflanze, ihre ätherischen Öle hemmen auch das Wachstum von Herpes-Viren. Ebenso ist sie ein sogenanntes Frauenkraut, da die Inhaltsstoffe der gesamten Pflanze Frauen im Wechsel sehr gut tun. Darüber hinaus gehört sie zu den besten pflanzlichen Einschlafhilfen und stärkt außerdem das Gedächtnis. Der seit Generationen bekannte Melissengeist hilft auch bei Beschwerden wie Rheuma und Ischias.

Beschreibung: Die Zitronenmelisse ist eine buschige und aufrecht wachsende mehrjährige Pflanze. Sie wird bis zu 70 cm hoch und kann sich ganz schön ausbreiten. Ihre eher unscheinbaren weißen Blüten erscheinen von Ende Mai bis in den August hinein. Die Blätter sind hell- bis dunkelgrün und leicht gezackt spitz zulaufend. Duft und Geschmack sind erfrischend und erinnern an Zitrone (daher der Name).

Pflege: Hier haben wir es mit einer sehr pflegeleichten Pflanze ohne große Ansprüche zu tun. Ihr berühmtes Aroma entwickelt die Zitronenmelisse an einem sonnigen Standort. Wenn es besonders heiß ist, sollte man sie mit etwas Gießwasser verwöhnen.

Im Herbst bitte die Pflanze radikal auf Bodenhöhe abschneiden, damit sie keine zu großen Horste bildet und nicht verholzt. Sobald im Frühling die Sonnenstrahlen stärker werden, kommen dann schon wieder die ersten Melissenblättchen zum Vorschein.

Ernte: Die Zitronenmelisse kann von Juni bis spät in den Herbst hinein geerntet werden. Hierfür werden die jungen, zarten Blätter abgezupft.

Küchentipp: Entgegen allen Gerüchten passt Zitronenmelisse nicht nur zu Süßspeisen und Desserts, sondern eignet sich daneben für Suppen, Saucen, Gemüsegerichten, Salate und Getränke.

Frischkräuter-Tee

Er schmeckt um vieles köstlicher als die getrocknete Variante.

Zubereitung: Nehmen Sie 1 gehäuften EL fein gehackter Melisseblätter und überbrühen Sie diese für 10 Minuten mit heißem Wasser. Mit Orangensaft oder Honig süßen. Eine ebenso leckere Variante ist Melissen-Tee eisgekühlt, mit Honig gesüßt und einer Scheibe Zitrone dekoriert.

Die Zitronenmelisse ist die meistverwendete Heilpflanze meines Kräutergartens, denn sie ist als Gewürz, Duftpflanze und Genusskraut einsetzbar und somit eine richtige Alleskönnerin.

Die »Wilden«

Leider werden die für die Gesundheit so wertvollen Wildkräuter in der Landwirtschaft oft als störend bzw. als Unkraut betrachtet. Die Kräutervielfalt hat sich in Feld und Flur durch die Intensivierung der konventionellen Landwirtschaft und den Einsatz von Unkrautbekämpfungsmitteln und künstlichen Düngemitteln stark reduziert. In nicht intensiv bewirtschafteten Nischen sind jedoch noch zahlreiche Wildkräuter zu finden. Und der (geringe) Aufwand, sie zu sammeln, lohnt sich!

Frische Brennnesseln etwa sind reich an Vitamin A und Enzymen, sie wirken blutreinigend und harntreibend und sind somit für eine Frühjahrsfrischekur bestens geeignet. So übertrifft Brennnesselspinat mit seinem hohen Vitamin-C-Gehalt sogar den vitaminreichen Apfel. Brennnesseln enthalten außerdem 10-mal so viel Eisen, 4-mal so viele Ballaststoffe und 2-mal so viel Kalium wie die als äußerst gesund geltenden Tomaten (wenn sie denn im Freiland gezogen werden). Und das gute alte Gänseblümchen verschönert nicht nur den Frühjahrssalat, sondern tut mit seiner entwässernden Wirkung auch der Figur etwas Gutes. Außerdem bringt es den Stoffwechsel in Schwung. Also: Stürzen Sie sich ins Abenteuer Wildkräuter, »bewaffnen« Sie sich mit einem Korb und einem Küchenmesser – und schon geht es los!

Die Bärlauchblätter sind an ihrem typisch aromatischen Knoblauchgeruch zu erkennen, der beim Zerreiben der Blätter deutlich zu riechen ist. So kann man sie auch sehr gut vom giftigen Maiglöckchen unterscheiden.

Bärlauch

Allium ursinum

Bereits die Römer kannten den Bärlauch als »Herba salutaris«, was soviel bedeutet wie Heilkraut, und schätzten ihn als magen- und blutreinigendes Mittel. Einige hundert Jahre später schreibt Hildegard von Bingen: *»Wohl kein Erden Kraut ist so Vielseitig an Wirksamkeit zur Reinigung von Magen, Gedärmen und Blut wie der Bärlauch.«* Die Volksmedizin schreibt der Pflanze positive Wirkungen bei Bluthochdruck und Verdauungsstörungen zu, insbesondere bei Appetitlosigkeit, Blähungen und Durchfall. Er wirkt angeblich auch schwach blutdrucksenkend und hat einen Ruf als pflanzliches Antibiotikum. Allerdings: Wenn der Bärlauch bereits aufgeblüht ist, gelten die Blätter nicht mehr als heilsam; wohl aber die Zwiebeln und Blüten.

Beschreibung: Der Bärlauch, dessen Blätter grüppchenweise wachsen, ist eine mehrjährige krautige Pflanze, die Wuchshöhen von etwa 20–50 cm erreicht. Sie hat einen geraden, 2- oder 3-kantigen, aufrechten Stängel und lang gestielte Laubblätter mit eilanzettförmigen Blattspreiten, die jeweils 2–5 cm breit sind.

Pflege: Wer in seiner Umgebung nur Nadelwälder hat, ist auf eigenen Bärlauch im Garten angewiesen. Auch hier gedeihen die Würzpflanzen hervorragend, wenn man einige Regeln beachtet, zum Beispiel, dass der Standort ständig feucht, aber nicht nass, der Boden waldartig locker, humos und beschattet sein sollte. Ideal sind Randlagen vor Sträuchern oder Bäumen, wo der Bärlauch genügend Licht erhält, solange das Laub der Gehölze noch nicht voll entwickelt ist. Mit Beginn des Sommers welken die Blätter. Die Zwiebeln ziehen ein und sprießen erst im kommenden Frühjahr mit reichlich Familienzuwachs wieder von Neuem. Im Herbst kann man sie im Garten ausgraben, die Tochterzwiebelchen abnehmen und zur weiteren Vermehrung nutzen. In der Regel ist dies aber gar nicht nötig, denn die Pflanze breitet sich ganz von selbst aus.

Ernte: Wer in der freien Natur Bärlauch ernten möchte, sollte auf weitgehend unberührte Gegenden weitab von Autos und Hundeausläufen achten. Hat man diese gefunden, braucht man eigentlich nur noch dem Geruch zu folgen. Das würzige Zwiebelgewächs kommt vorwiegend an den Rändern von Laubwäldern vor, teilweise in sehr großen Beständen. Aber Vorsicht beim Ernten: Bärlauchblätter haben eine große Ähnlichkeit mit dem Laub der giftigen Maiglöckchen! Haupterntezeit für die Blätter sind die Monate April und Mai, also vor der Blüte. Sie schmecken und riechen wie eine Mischung aus Knoblauch und Zwiebeln, ohne aber den unangenehmen Körpergeruch am nächsten Tag zu verursachen.

Küchentipp: Bärlauch liegt voll im Trend. Ob als Bärlauchsuppe, im Kräuterquark, als Pesto oder als köstliches Würzsalz: Bärlauch hat in vielen Variationen immer Saison.

Brennnessel

Urtica dioica

Der botanische Name der Brennnessel kommt vom Lateinischen »urere«, was soviel wie brennen bedeutet. Jedes Kind weiß, was passiert, wenn man die Pflanze anfasst: Sie verursacht ein Brennen auf der Haut. Dafür verantwortlich sind die feinen Brennhaare, denn sie spritzen das generell harmlose Nesselgift in die Haut. Die Brennnessel schützt sich so vor Pflanzenfressern, denn kein Tier wird sich freiwillig zweimal verbrennen lassen. Dabei ist die Pflanze so gesund. Sie enthält Chlorophyll, Schwefel, Kieselsäure, Gerbsäure und Enzyme sowie die Vitamine A und C. Junge Blättchen kann man ohne Bedenken in den Frühlingssalat geben oder die größeren Blätter einfach mit heißem Wasser überbrühen, dann lösen sich die Brennhaare und die Pflanze ist genießbar.

Beschreibung: Die Brennnessel ist eine aufrecht wachsende mehrjährige Pflanze, die die stattliche Höhe von 150 cm erreichen kann. Die gelblichgrünen Blüten blühen von Ende Juni bis weit in den Oktober hinein. Trotz ihrer Unscheinbarkeit werden sie von vielen Insekten geliebt. Die grünen, grob gezackten Blätter sitzen auf starken Stängeln und sind auf der Oberseite mit besagten Brennhaaren bedeckt.

Pflege: Pflegetipps für Brennnesseln lösen bei vielen Gärtnern ein Lächeln aus, denn wer einen Garten hat, weiß, dass Brennnesseln immer und überall wachsen und man sie nicht extra anbauen muss.

Brennnesselsamen: Hauptbestandteil meines Vital-Kräutersalzes.

Ernte: Die frischen Triebspitzen kann man im Frühling für die ersten Kräutersuppen verwenden. Besonders lecker ist auch Brennnesselspinat, der eine richtige Vitaminbombe ist. Die sehr gesunden Samen der Brennnessel erntet man den ganzen August über, sie werden getrocknet und mit Meer- oder Natursalz zu einem hervorragend schmeckenden Vital-Kräutersalz verarbeitet.

Frauenmantel

Alchemilla vulgaris

Auf Marienbildern trägt die heilige Jungfrau zuweilen einen Umhang, der Ähnlichkeit mit dem Blatt der *Alchemilla* hat und dieser den Namen »Mantel ihrer lieben Frau« oder »Frauenmantel« gab. Der Name könnte natürlich auch auf eine Pflanze schließen lassen, die bei Frauenkrankheiten angewendet wird. Und so ist es auch. In der Volksheilkunde wird der Frauenmantel bei Wechseljahrbeschwerden und zu starker Monatsblutung eingesetzt. (Bei den Germanen war der Frauenmantel deshalb Frigga geweiht, der Göttin der Natur und Fruchtbarkeit.)

Beschreibung: Man findet den Frauenmantel überall in Europa wild wachsend auf feuchten Wiesen, an Wald- und Straßenrändern. Er ist eine horstbildende mehrjährige Pflanze, die bis zu 40 cm hoch werden kann. Die gelblichen Blüten erscheinen im Juni und Juli.

Brennnessel zur Frühjahrskur

Eine wunderbare Frühlingskur ist eine Teekur mit Brennnessel-Tee. Dazu wird 1 EL Brennnesselblätter – frisch oder getrocknet – mit 1 Tasse kochendem Wasser überbrüht. 7 Minuten zugedeckt ziehen lassen, dann abseihen. Der Tee sollte mit Honig gesüßt getrunken werden. Er wirkt auch sehr gut bei unreiner Haut, Pickeln und Mitessern. Man sollte max. 2 Wochen lang regelmäßig eine Tasse täglich lauwarm trinken. Danach 1 Woche pausieren und nochmals 2 Wochen trinken.

Kalter Frauenmanteltee ergibt, gemischt mit Apfelsaft, ein köstliches und sehr gesundes Erfrischungsgetränk.

Frauentee aus Frauenmantel

Bereiten Sie einen wunderbaren Frauentee, der gut für alle Unterleibsorgane ist, Regel- und Wechseljahrbeschwerden entgegenwirkt und wohltuend als Geburtsvorbereitung ist: 1 schwach gehäuften EL mit 250 ml Wasser zum Sieden erhitzen, ziehen lassen und dann abseihen. Bei Magen- und Darmbeschwerden soll man täglich 3 Tassen davon trinken. Der hohe Gerbstoffgehalt der Pflanze ist sehr hilfreich.

Hirtentäschel kann als gesunde Zutat in Wildkräutersalaten und -suppen verwendet werden. Dazu eignen sich am besten die Samenschoten, Blätter und Blüten.

Die Blätter sind hellgrün bis mittelgrün, halbrund und gezackt.
Pflege: Der Frauenmantel liebt halbschattige bis schattige Standorte, sollte aber »wild«, das heißt auf der Wiese geerntet werden, da er im Garten nicht leicht anzusiedeln ist. Die im Handel oft erhältlichen besonders großblättrigen Formen des Frauenmantels dienen rein zur Zierde für den Garten und haben keine Heilwirkung.
Ernte: Während der Blütezeit von Mai bis August werden die oberirdischen Pflanzenteile gesammelt.

Hirtentäschel

Capsella bursa-pastoris

Viele sind der Meinung, Hirtentäschel sei ein häufiges, zähes Unkraut. Das stimmt zum Teil, doch es ist auch eine große Heilpflanze. Es wächst weitverbreitet auf Schutthalden wie in Pflasterritzen und kann ganze Felder in Besitz nehmen. Seinen Namen bekam es, weil seine Früchte den früheren Hirtentaschen ähneln. Sein botanischer Name »bursa-pastoris« bedeutet: Tasche des Hirten.
Beschreibung: Das Hirtentäschel ist eine kleine, aufrechte Pflanze, die zweijährig wächst. Sie wird je nach Standort bis zu 40 cm hoch und hat kleine weiße Blüten, die vom zeitigen Frühjahr an den ganzen Sommer über unaufhörlich blühen. Auf den Stängeln sitzen weit versetzt die »Hirtentäschel«, die kleinen Schoten.
Pflege: Das Hirtentäschel kommt fast überall als wild wachsendes »Unkraut« vor. Es liebt sonnige bis halbschattige Standorte.
Ernte: Ich empfehle, das Kraut von Ende Mai bis Mitte Juni zu ernten.
Küchentipp: Das Hirtentäschel ist aber nicht nur ein wunderbares Heilkraut, sondern auch, fein geschnitten, lecker im Salat.

Blutstillendes Hirtentäschel

Die Wirkung dieses wunderbaren »Frauenkrautes« war schon im Mittelalter bekannt. Es hilft besonders bei starker Regelblutung und als Stärkung der Gebärmutter.
Zubereitung: Für 2 Tassen Tee nimmt man 4 TL des getrockneten Krauts. Wegen der Hitzeempfindlichkeit sollte man ihn mehrere Stunden bei Zimmertemperatur ziehen lassen. Man erwärmt den Tee nur ganz leicht und trinkt ihn ungesüßt. Ein mit dem Auszug getränkter Verband hilft auch bei geschwollenen Gliedern und Rheumaschmerzen.

Holunder

Sambucus nigra

Der Schwarze Holunder präsentiert sich im Frühjahr in einem weißen Blütenkleid aus Trugdolden, den »Hollerblüten«. Bis Mitte September werden aus den Blüten die tiefschwarzen Beeren mit ihrem blutroten Saft. Schwarz-weiß sind auch die vielen mystischen Geschichten, die sich um den Holunder ranken. Der Sage nach wohnt Frau Holle im Hollerstrauch, ebenso gute Hausgeister. Mein Großvater zog immer den Hut vor dem am Haus wachsenden Holunder. Mancherorts nennt man Holunderblüten-Tee auch »Fliedertee«, obwohl er mit Flieder nichts zu tun hat. Er ist ein wunderbarer Erkältungstee, denn er lässt einen so richtig schön schwitzen. Die Volksmedizin hatte für fast jeden Teil des Baumes Verwendung. Wurzel, Rinde, Blüten und Blätter wurden lange Zeit als »lebende Hausapotheke des armen Mannes« bezeichnet, was in vielen Liedern und alten Volksbräuchen erhalten blieb.

Beschreibung: Der Holunder gehört zur Familie der Geißblattgewächse und wächst im Laufe der Jahre zu einem stattlichen Bäumchen heran. Besondere Kennzeichen sind der krumme Stamm mit oftmals rissiger Rinde. Er erreicht eine Höhe von bis zu 4 m und fühlt sich am wohlsten an Sonnen speichernden Hausmauern. Die Blätter sind dunkelgrün gefärbt, die Ränder tief gezackt. Von Mai bis Ende Juni öffnen sich die Blütenstände

Einer alten Sage nach wohnt Frau Holle in alten Holundersträuchern und wirkt von dort aus als guter Hausgeist.

Die Früchte des Schwarzen Holunders können zu Marmelade, Säften und Likören verarbeitet werden.

mit vielen wunderbar duftenden Blütensternchen, aus denen sich später die tiefroten, manchmal sogar schwarzen Beeren entwickeln. Den dunklen Saft der Beeren benutzte man früher, um Stoffe und/oder Haare schwarz zu färben.
Pflege: Der Holunderstrauch braucht eigentlich keine sonderliche Pflege, im Herbst (Mitte bis Ende Oktober) kräftig zurückschneiden reicht vollkommen aus.
Ernte: Die Blütensternchen pflückt man sofort nach dem vollständigen Aufblühen, die Beeren im August.
Küchentipp: Holunderkonfitüre oder Holunderlikör – 8 Tage in Branntwein eingelegte gedörrte Beeren mit Zucker – sind rare Köstlichkeiten aus der Kräuerküche.

Der Klatschmohn, ein regelrechtes Symbol des Sommers, taucht im Juni und Juli ganze Wiesen in ein leuchtendes Rot.

Achtung, roh = giftig!

Bitte beachten Sie, dass die Holunderbeeren giftig sind und für den Verzehr einmal auf 100 °C erhitzt werden müssen, damit die Giftstoffe verschwinden und die ätherischen Öle, Fruchtsäuren sowie die wertvollen Vitamine A und C frei werden.

Klatschmohn

Papaver rhoeas

Ich nenne den Klatschmohn »Die rote Fahne des Sommers« – und so sieht er auch aus. Es war zu befürchten, dass der vermehrte Einsatz von Unkrautvernichtungsmitteln auch dieser Pflanze den Garaus machen würde, aber in letzter Zeit, genau genommen seit Aufkommen der Bio-Bewegung, sieht man ihn wieder, den roten Mohn in gelben Getreidefeldern – erfreulicherweise, denn der Klatschmohn steht als Symbol für Leben und Glück.
Beschreibung: Der Klatschmohn ist eine aufrecht wachsende mehrjährige Pflanze, die sich am geeigneten Standort selbst aussät. Sie wird bis zu 60 cm hoch und hat tiefrote wunderschöne Blüten, die an Seidenpapier erinnern und von Mitte Mai bis Ende Juni erscheinen.
Pflege: Man findet die Pflanze nicht nur in Getreidefeldern, sondern auch auf Schutthalden. In den letzten Jahren tauchen bei Gärtnern immer mehr kultivierte Sorten auf, die auch im Garten angebaut werden können. Voraussetzung ist ein trockener, sonniger Platz.
Ernte: Im Mai und im Juni – während der Blüte, die nur 2 bis 3 Tage dauert – werden die roten Blütenblätter gesammelt. Sofort nach dem Sammeln sollten sie getrocknet werden, weil sie sonst ihre schöne tiefrote Farbe verlieren.
Gesundheitstipp: In vielen Husten- und Bronchialtees ist der Klatschmohn vertreten, denn er unterstützt Kräuter, die den Husten lindern, den Hustenreiz aber nicht nur unterdrücken. Außerdem hat er eine leicht beruhigende Wirkung. Bitte beachten Sie, dass der Klatschmohn trotz seiner guten Dienste an unserer Gesundheit unter das Arzneimittelgesetz fällt und aus diesem Grund nur sehr sparsam angewandt werden soll.

Löwenzahn

Taraxacum officinale

Jeder kennt ihn, den Löwenzahn, und jedes Kind hat schon einmal die Samenstände der »Pusteblume« weggeblasen. Die jungen kleinen Blätter des Löwenzahns geben jedem Salat einen kulinarischen Pfiff, und das geschmacklich wie medizinisch, denn es gibt nicht viele Pflanzen, die sich für die Frühlingskur, die der Entschlackung und Blutreinigung dient, so hervorragend eignen. Auch für kosmetische Zwecke wird der Löwenzahn seit dem Mittelalter verwendet. Der beim Abschneiden des Stängels austretende Milchsaft wurde benutzt, um Furunkel, Karbunkel, Räude, Flechten und viele andere Hautkrankheiten einzudämmen. Destilliert wurde die Pflanze für die Schönheit der Frauen genutzt: »*Die Weiber pflegen sich mit diesem Wasser zu waschen, in Hoffnung ein klares Antlitz zu erlangen, und die rothe Purpeln auszutilgen. Ferners dienet es wider die rothe Augen und deren Flecken, bisweilen etliche Tröpflein darein geträuft.*«

Löwenzahnblätter sind reich an Mineralstoffen, seine Blüten werden zu »Löwenzahnhonig« verarbeitet.

Beschreibung: Der Löwenzahn ist eine sehr weit verbreitete Pflanze, die man in Gärten, auf Wiesen, an Wegrändern und auf Brachland findet – kurz gesagt praktisch überall.
Die mehrjährige, mitunter sehr hartnäckige Pflanze bildet am Boden kleine Rosetten. Sie wird zwischen 15 und 30 cm hoch und kann sich in Windeseile im ganzen Garten ausbreiten.
Die goldgelben Blüten sieht man auf allen Wiesen von April bis Ende Juni. Anschließend bilden sich die Samenstände.
Pflege: Wie bei den meisten Wildkräutern ist es überflüssig, Löwenzahn im Garten anzubauen, denn er kommt garantiert von selbst. Wichtig um ihn etwas einzudämmen ist nur, dass man, wenn man ihn im Garten hat, die verblühten Blütenstände vor der Samenbildung entfernt, entweder mit dem Rasenmäher oder mit der Gartenschere.
Ernte: Der beste Sammelzeitpunkt ist das Frühjahr, wobei ich empfehle, die gesamte Pflanze zu verwenden, denn der wirksamste Bestandteil ist der Bitterstoff Taraxacin, der im Kraut sowie in der Wurzel vorhanden ist.

Schönheitstipp gegen Sommersprossen

Gegen Sommersprossen soll folgende Lotion helfen:
1 Handvoll Löwenzahnblüten mit kochendem Wasser übergießen. Das Ganze 10 Minuten ziehen und abkühlen lassen, danach abseihen und die sommersprossigen Hautstellen damit betupfen.

Schafgarbe

Achillea millefolium

Der botanische Name der Schafgarbe geht auf den griechischen Sagenhelden Achilles zurück. Dieser hatte beim heilkundigen Zentaur Chiron gelernt, die Heilkräfte des Krautes zu nützen, und heilte damit eine eiternde Wunde des Königs Telephos. Tatsächlich wurde die Schafgarbe schon im Altertum zur Wundheilung verwendet. Die Indianer Nordamerikas kannten sie ebenfalls, und in China wird sie schon seit 4000 Jahren benutzt. Die Germanen schrieben ihr schützende Eigenschaften gegen praktisch alle Krankheiten zu.
Beschreibung: Die Schafgarbe ist eine aufrecht wachsende mehrjährige Pflanze, die bis zu 50 cm hoch werden kann. Ihre Blütenfarben sind Weiß bis Rosa, wobei in der Naturheilkunde die rosafarbige Variante angepriesen wird, mehr Heilkraft zu haben. Wissenschaftlich ist das allerdings nicht bewiesen. Die Blätter sind fein gefiedert und bis zu 15 cm lang.

Die Blättchen der Schafgarbe: schmackhaft in Wildkräutergerichten.

Pflege: Da es sich auch bei der Schafgarbe um ein Wildkraut handelt, ist es von Vorteil, sie frisch von der Wiese zu ernten.
Ernte: Das blühende Kraut (vor allem dann ist es wirksam) wird im Juli und August gesammelt.

Schafgarben-Tee speziell für Frauen

Zubereitung: Am einfachsten presst man die ganze Pflanze aus und trinkt den Saft. Ansonsten übergießt man 2 TL des getrockneten Krautes mit siedendem Wasser und lässt diesen Tee 10 Minuten ziehen. Davon soll man täglich 2–3 Tassen mäßig warm zu sich nehmen.

Gesundheitstipp: Die Schafgarbe enthält neben Gerbstoffen ein ätherisches Öl, das in der Wirkung dem Kamillenöl gleicht. Es wirkt wie dieses entzündungshemmend, doch ist die entkrampfende Wirkung noch größer – vor allem im Bereich des Beckens. Daher wird die Schafgarbe besonders in der Frauenheilkunde angewendet.
Ein altes Sprichwort sagt: *»Schafgarb' im Leib tut wohl jedem Weib.«* Durch den Anteil an Bitterstoffen wirkt das Kraut auch bei Magenerkrankungen, bei Darm- und Galle-beschwerden wie bei Appetitlosigkeit. Der hohe Kaliumgehalt regt die Nierentätigkeit an, sodass man es zum Entschlacken benutzen kann. Die Schafgarbe sei auch jenen Menschen empfohlen, die die Kamille nicht vertragen.

Schlüsselblume

Primula veris

Der alte Himmelstorwächter, der heilige Petrus, war an einem wunderschönen Morgen ganz aufgelöst, denn irgendjemand hatte sich einen Nachschlüssel für seine Himmelspforte machen lassen. Vor lauter Aufregung fiel ihm der Himmels-Hauptschlüssel aus der Hand und hinunter auf eine große bunte Wiese. Sofort schickte er die himmlischen Heerscharen los, um den Schlüssel zurückzubringen. Doch dort, wo Petrus meinte, dass der Schlüssel liege, war er nicht mehr zu finden – dafür waren Felder von wunderschönen Blümchen gewachsen, deren gelbe Blüten alle die Form des Bartes vom Himmelsschlüssel hatten.

Die Schlüsselblume gehört zu den im Frühjahr als erste blühende Wiesenblume. Ihre goldgelben Blüten erinnern tatsächlich an einen Schlüsselbund.

Das Schöllkraut enthält einen orangegelben Milchsaft, der in der Volksmedizin gegen Warzen eingesetzt wird.

Beschreibung: Die Schlüsselblume ist eine mehrjährige Pflanze, die am Ansatz Rosetten bildet. Die goldgelben, länglichen Blütenköpfchen sitzen auf 10–25 cm hohen, leicht behaarten Stängeln. Die hellgrünen länglichen Blätter sehen immer ein wenig zerknittert aus.
Pflege: Früher waren Wiesen und Weiden im zeitigen Frühjahr voll von den dottergelben Schlüsselblumen, doch wie viele andere sogenannte Unkräuter verschwinden sie mehr und mehr von der Bildfläche. Schuld daran ist wahrscheinlich die einseitige Düngung unserer Wiesen. Aber an manchen Wiesen- und Waldrändern findet man sie noch manchmal grüppchenweise.
Ernte: Der beste Sammelzeitpunkt ist von Ende März bis Ende April. Die Wurzeln lassen Sie aber bitte im Boden, denn erstens steht die Schlüsselblume unter Naturschutz und zweitens wohnen vielen Geschichten nach Elfen und Wichtel unter den Schlüsselblumen.

Schlüsselblumen-Tee

Zubereitung: 1 Handvoll frischer Blüten, mit heißem Wasser übergossen und 20 Minuten ziehen gelassen, war laut Paracelsus für jedermann gesund und bekömmlich, in guten wie in schlechten Zeiten, vom kleinen Kinde bis zum alten Manne. Hildegard von Bingen empfahl die Schlüsselblume auch bei schlechter Laune, Husten und seelischen Verkrampfungen sowie bei Schlaflosigkeit und Migräne.

Schöllkraut

Chelidonium majus

Der botanische Name des Schöllkrauts ist nicht einfach zu erklären. Früher wurde behauptet, er käme vom griechischen »chelidon« (Schwalbe) – denn die Schwalbe öffnet einer alten Legende nach mit dem Saft der Pflanze die Augen ihrer Jungen. Der Name könnte aber auch von griechischen »kelido« (beflecken) stammen, da der Milchsaft der Pflanze die Haut braun färbt.
Beschreibung: Das Schöllkraut wächst wild in ganz Europa auf Schutthalden und an allen mit Stickstoff angereicherten Stellen in der Nähe menschlicher Ansiedlungen. Es hat eine Vielzahl von hellgrünen, gezackten Blättern. Auf den kräftigen Stängeln sitzen gelbe Blütchen. Alle Teile der Pflanze enthalten einen orangegelben Milchsaft, der sehr scharf schmeckt, leicht ätzend wirkt und in großer Dosis leicht giftig ist. Früher wurde er zur Behandlung von Warzen und Hautflechte verwendet, und im ersteren Fall funktioniert das wirklich ausgezeichnet.

Pflege: Die zarte Staude mit uralter Tradition braucht keine Pflege, denn sie kommt und geht von selbst, wie und wo es ihr gefällt.
Ernte: Man sammelt das Kraut von April bis September, den Wurzelstock im Oktober und November.
Gesundheitstipp: Die Inhaltsstoffe der Pflanze stehen den Opium-Alkaloiden nahe; das erklärt ihre leicht krampflösende, schmerzstillende Wirkung. Die Hauptanwendung liegt in der Behandlung von Gallen- und Leberstörungen: Das Schöllkraut erleichtert den Abfluss der Galle und wirkt beruhigend.

Weiße Taubnessel

Lamium album

Sie ähneln sich sehr, die Taubnessel und die Brennnessel – obwohl sie gar nicht miteinander verwandt sind. Nur den Namen hat die taube von der brennenden Nessel. Einst nannte man sie auch tumbe, also dumme Nessel, weil sie sich nicht wehrt wie ihre Namensschwester. Der österreichische Dichter Karl Heinrich Waggerl hatte Mitleid mit ihr: *»Am Straßenrand bedeckt mit Staub, blüht eine Nessel, die ist taub. Sie blüht bei Sonnenschein und Frost, mühselig, aber doch getrost. Dereinst, am Tage des Gerichts (sie hört von den Posaunen nichts), wird Gott ihr einen Boten schicken. Der wird die taube Nessel pflücken und in den siebten Himmel bringen. Dort hört auch sie die Engel singen.«*
Beschreibung: Hildegard von Bingen gab der Taubnessel den Namen »binensug«, also Bienensaug. Allerdings ernähren sich eher Hummeln und Schmetterlinge von den weißlichen Blüten, die die wirkungsvollen Inhaltsstoffe wie Gerbstoffe und Flavonglykoside enthalten.
Pflege: Die Pflanze zu finden, ist kein Problem. Sie wächst fast überall, am häufigsten auf Schuttplätzen, an Wegen und Gartenzäunen. Sie ist eigentlich keine Gartenpflanze, sondern wie der Namensvetter Brennnessel ein sogenanntes Unkraut.
Ernte: Die Blüten werden ohne den Blütenkelch von April bis Oktober gesammelt. Man muss sie schnell trocknen und dann in gut schließenden Gefäßen aufbewahren, weil sie sonst braun werden und schimmeln.

Haustee aus Taubnessel

Auch ohne Beschwerden immer ein guter Haustee. Der englische Kräuterkundler Gerard empfahl ihn im 16. Jahrhundert, um »das Herz fröhlich zu machen, dem Gesicht frische Farbe zu geben und den Lebensgeist zu erfrischen«. Die Taubnessel wird hauptsächlich bei Frauenleiden angewandt – bei Weißfluss und unregelmäßigen oder zu schwachen Regelblutungen.
Zubereitung: Man bereitet einen Tee aus 1–2 TL der getrockneten Taubnesselblüten, die mit 250 ml Wasser zum Sieden gebracht werden. Dann lässt man den Tee 5 Minuten ziehen und seiht ab. Davon über längere Zeit 1–3 Tassen pro Tag trinken (oder zu Waschungen verwenden).

Die Taubnessel ähnelt stark der Brennnessel, obwohl sie nicht verwandt sind. Einst nannte man sie auch die dumme Nessel, weil sie sich nicht wehrt wie ihre Namensschwester.

»Wilde« Köstlichkeiten

Ab Ende März ist es endlich wieder so weit: Die ersten Wildkräuter können geerntet und zu leckeren Gerichten verarbeitet werden. Diese Vitaminspritze aus der Natur sollten wir uns auf keinen Fall entgehen lassen. Den Anfang macht ein bunter Wildkräutersalat. Sollten einige der genannten Zutaten noch nicht ausgetrieben haben, muss es ja nicht immer exakt diese Zusammenstellung sein – es kann nach Herzenslust variiert werden.

Bunter Wildkräutersalat

Zutaten:
Löwenzahn, junge Brennnesselblätter, Scharbockskraut (Blätter nur bis zur Blüte ernten!), Gänseblümchen, Sauerampfer, Liebstöckel, Bärlauchblätter, Zitronenmelisse, Pfefferminze (wenig), Brunnenkresse, wilder Majoran, Dillspitzen (im Frühbeet überwintert, treibt er zeitig aus)
Außerdem:
1 Apfel
1 Fenchelknolle
Für die Marinade: Essig, Öl, Pfeffer, Salz, 1/2 TL Zucker

Zubereitung: Alle Kräuter waschen und klein schneiden. Den Apfel vierteln und mit Kerngehäuse in dünne Scheibchen schneiden, die Fenchelknolle ebenso in Scheiben schneiden. Die Marinade darüber geben und durchmischen.

Beinwell-Brennnessel-Suppe

Zutaten:
4 Handvoll Brennnesseln
4 Handvoll Beinwell
2–3 EL Butter
1 große Zwiebel
1 Liter Gemüsebrühe
4–5 mittelgroße Kartoffeln
Meersalz, frisch gemahlener schwarzer Pfeffer
1 Lorbeerblatt
2 Handvoll Knoblauchsrauke
1/8 Liter saure Sahne zum Verfeinern

Zubereitung: Brennnesseln und Beinwell werden etwa zu gleichen Teilen gesammelt, gereinigt und in feine Streifen geschnitten. Anschließend dünstet man sie in guter Butter zusammen mit einer gewürfelten Zwiebel an und gießt mit Gemüsebrühe auf.
Zum Schluss werden gewürfelte Kartoffelstückchen hinzugegeben und weich geköchelt. Die Suppe wird mit Salz, Pfeffer, Lorbeerblatt und Knoblauchrauke gewürzt und mit saurer Sahne ganz nach Belieben verfeinert.

Nutzen Sie die ersten Vitamine und Mineralstoffe der jungen Wildkräuter und bereiten Sie sie in Form eines köstlichen Wildkräuter-Salates zu.

Sie sieht nicht nur lecker aus, sie ist auch gesund und schmeckt hervorragend – die Beinwell-Brennnessel-Suppe.

der Grieß mit einem Schneebesen eingerührt, kurz aufgekocht, von der Feuerstelle genommen und mit Salz, Pfeffer und Knoblauch gewürzt. Die Brennnesseln reinigen, mit dem Wiegemesser zerkleinern und zur Masse geben. Wenn diese etwas abgekühlt ist, hebt man die Eier unter und würzt mit etwas Dost nach Geschmack. Schließlich wird die Masse auf einem mit kaltem Wasser benetzten Backblech ausgestrichen (etwa 1 cm stark), in appetitliche Stücke (zum Beispiel Rhomben) zerteilt und in gutem Öl beidseitig knusprig braun gebraten.

Bärlauchnudeln

Zutaten:

3–4 Bärlauchzwiebeln mit Blättern
500 g Nudeln
Olivenöl
1–2 Zwiebeln
500 g Quark
2–3 Eier
40 g Butter
Meersalz, schwarzer Pfeffer

Zubereitung: Man erntet den Bärlauch mit der Zwiebel, trennt die Blätter ab und reinigt alles gut. Die Nudeln werden in Salzwasser gegart. In der Zwischenzeit bräunt man in einer Pfanne in guter Butter oder in Olivenöl die gehackten Zwiebeln des Bärlauchs und die gehackten Zwiebeln an. Die fertig gekochten Nudeln werden abgeschreckt und der Quark mit den Eiern und etwas Butter verrührt. Etwas Salz, Pfeffer, die fein gewiegten Blätter des Bärlauchs, Bärlauchzwiebeln und Zwiebeln werden nun mit dem Quark gemischt und unter die Nudeln gehoben. In einer gefetteten Auflaufform wird das Ganze etwa 45 Minuten überbacken und vor dem Servieren mit frischen Kräutern bestreut.

Brennnessel-Bratlinge

125 g Maisgrieß
Meersalz, frisch gemahlener schwarzer Pfeffer
2 Knoblauchzehen (gepresst)
5 Handvoll Brennnesseln
3 Eier
evtl. etwas Dost, Öl zum Braten

Zubereitung: Ein halber Liter Wasser wird zum Kochen gebracht,

Sauerampfergemüse

Zutaten:

3–4 Handvoll Sauerampferblätter
Butter zum Dünsten
Mehl und Butter
1–2 Eigelb
1/8 Liter saure Sahne
Meersalz
Liebstöckel, Majoran

Zubereitung: Man dünstet die Blätter ohne Stiele in etwas Butter, lässt den Saft abtropfen und hackt die Blätter wie Spinat. Mit einer hellen Mehlschwitze (Vorsicht, nicht zu viel, sonst wird es zu breiig) und etwas abgetropftem Saft dickt man die Masse ein. Anschließend zieht man das Eigelb und saure Sahne unter (darf nicht nochmals aufkochen, da die Sahne sonst gerinnt!) und würzt mit Salz, Liebstöckel und Majoran.

Bärlauchaufstrich

Zutaten:
250 g Quark
eventuell saure oder süße Sahne
1 Handvoll Bärlauchblätter
Meersalz

Zubereitung: Zunächst wird der Quark mit der Sahne glatt gerührt, dann werden die Bärlauchblätter gehackt und anschließend alle Zutaten gut vermengt. Schmeckt fantastisch auf Vollkornbrot.

Wildkräuter-Kapern

Zutaten:
2 Handvoll Gänseblümchen- oder Kapuzinerkresseknospen
½ Liter Salzwasser
½ Liter Essig

Zubereitung: Die Knospen werden gewaschen, in Salzwasser kurz aufgekocht und zum Abtropfen in einen Durchschlag oder ein Sieb gelegt. Danach gibt man die Knospen in einen Steintopf und übergießt sie mit kochendem Essig. Nach 4 bis 5 Tagen werden sie in diesem Essig aufgekocht (sie müssen vollkommen bedeckt sein!). Nach dem Erkalten wird der Topf mit Einmachhaut oder Einmachzellophan abgedeckt, sodass nichts ins Innere gelangen kann.
Die Verwendung der Kapern ist sehr vielseitig – etwa als Beigabe zu Salaten, Ragouts, Mayonnaisen und Saucen.

Kapern aus Kapuzinerkresse-Samen sind ganz einfach und schnell hergestellt und mindestens ebenso lecker wie die exotischen Pendants vom Kapernstrauch.

Löwenzahnwurzel-Kaffee

Für diese Köstlichkeit vergangener Zeiten gräbt man die Wurzeln des Löwenzahn aus (nach ergiebigen Regenfällen kann man sie sogar mühelos von Hand ausreißen), reinigt sie, zerteilt sie in kleine Stücke und backt bzw. röstet sie entweder auf dem Backblech im Herd oder in einer Pfanne, bis sie schön braun sind.
Nach dem Abkühlen mit kochendem Wasser überbrühen (etwa 1 EL Wurzeln auf ½ Liter kochendes Wasser) und mit Milch genießen. Der angenehm bittere Geschmack von Löwenzahnwurzel-Kaffee erinnert mich an meine Kindheit. Auch während des Krieges, als vielen Menschen das Geld für herkömmlichen Bohnenkaffee fehlte, wurde auf Alternativen wie Kaffee-Ersatz aus gerösteten Eicheln, Malz oder ähnlichem zurückgegriffen. Anstatt mit Milch kann man all diese Arten von Kaffee-Ersatz auch mit Sahne oder Honig verfeinern.

Die Zauberkräftigen

Seit jeher hat die Anwendung von Kräutern in der Medizin neben der realen Heilwirkung auch eine gewisse magische Wirkung und Anziehungskraft. In jeder Kultur gab und gibt es kräuterkundige Menschen, die sich für Gesundheit und Wohlbefinden anderer einsetzten. Das waren die Medizinmänner, Schamanen oder besondere Priester, die bei einem Volksstamm großen Respekt genossen und denen man gleichzeitig gute, aber auch böse Kräfte zuschrieb. Auch in Europa existierten heilkundige Männer und Frauen, die vor allem der ärmeren Bevölkerung als Ärzte dienten. Einen besonderen Stellenwert genoss indes auch der Aberglaube, der sich auf heidnische Mythen zurückführen ließ und trotz des erbitterten Kampfes der Kirche erhalten blieb.

Für Kräuterhexen

Mit allen, oftmals grausamen Mitteln wurde vonseiten der Kirche versucht, den Aberglauben an Hexen und Dämonen zu bekämpfen. Während der Renaissance kamen noch Zweifel am kirchlichen Weltbild hinzu, und durch neue, offenere Denkweisen in den gebildeten Bevölkerungsschichten setzte man sich verstärkt mit der Naturwissenschaft auseinander.
Zu dieser Zeit entwickelte sich in Mitteleuropa ein regelrechter Hexenwahn, an dem die Kirche maßgeblich beteiligt war. Da Katastrophen wie Kriege, Pest und Missernten die Armut in der Bevölkerung noch verstärkten, war es leicht, mystische Vorstellungen unter dem Volk zu verbreiten und entsprechende Feindbilder aufzubauen und zu schüren.
Dem Hexenkult werden nicht nur bestimmte Menschenbilder, sondern auch eine Vielzahl an Kräutern zugeschrieben, die als Rauschmittel galten und Bestandteil der sogenannten Hexenzauberei waren. Der Einsatz pflanzlicher Rauschmittel lässt sich bereits in vielen anderen Kulturen nachweisen. So sollte die berauschende Wirkung zum Beispiel der Tollkirsche Visionen und Wachträume erzeugen, um Orakel verkünden zu können, was gar nicht so unrichtig ist. Diese Mittel wurden aber auch als Arzneien im medizinischen Sinne eingesetzt, wobei ich mir sicher bin, dass unter den sogenannten Kräuterkundigen auch eine Reihe von »Giftmischern« war.

Alte Bräuche rund um Hexen und Kräuter

Wenn man Glück hat, findet man noch manchmal ein Buch mit Tipps und Tricks vergangener Zeiten, um die Zauberkraft der sogenannten Hexen zu brechen. Diese alten Geschichten können mitunter sehr lustig sein. Erstaun-

In meiner Heimat wird heute noch häufig ein Weißdorn-Kranz an die Stalltür gehängt, um Krankheit und Böses vom Vieh abzuwehren.

Hexen- und Zauberpflanzen

Eine Liste der bekannten »Aberglaubenpflanzen« steht auf Seite 24. Die nachfolgenden Hexen- und Zauberpflanzen möchte ich Ihnen nur kurz vorstellen, da es sich fast ausnahmslos um Giftpflanzen handelt, die in einem Kräutergarten nichts zu suchen haben, aber mit einer interessante Geschichte aufwarten können.

In Kräuterbüchern steht die Warnung: »Nachtschatten gehört nicht in den Leib« – und das zu Recht!

- **Aronstab** *(Arum maculatum)*: Früher Schönheitsmittel. ☠
- **Bittersüßer Nachtschatten** *(Solanum dulcamara)*: Bestandteil der Hexensalben, Sinnbild der Heimtücke; die Beeren wurden ins Schlüsselloch gestopft, um dem neidischen Blick der Nachbarin zu entkommen. ☠
- **Buchsbaum** *(Buxus sempervirens)*: Pflanzung sollte vor bösen Geistern und dem Blick der Neider schützen.
- **Eisenhut** *(Aconitum napellus)*: Bei den Römern von Giftmischern verwendet, früher Anwendung bei Nervenleiden und Rheumatismus, wobei fraglich bleibt, ob die Patienten später an ihrer Krankheit oder am Gift der Pflanze verstarben, denn der blaue Eisenhut ist eine der schönsten, aber auch die giftigste Pflanze Europas. ☠
- **Fingerhut** *(Digitalis purpurea)*: Früher Anwendung bei Delirien, wichtige Pflanze in Hexensalben, die für Liebeszauber verwendet wurden. Auch hier ist es möglich, dass der/die Angebetete, bevor die Wahrheit ans Licht kam, das Zeitliche segnete, denn auch diese Pflanze ist sehr giftig. ☠
- **Schierling** *(Conium maculatum)*: Im Altertum Pflanze zur Vollstreckung von Todesurteilen (Schierlingsbecher). ☠
- **Schöllkraut** *(Chelidonium majus)*: Früher Mittel gegen Furunkel, Warzen, Sommersprossen, auch Bestandteil in Hexensalben. Noch heute gehört das Schöllkraut zu den beliebtesten Heilkräutern gegen Warzen in der Naturheilkunde.
- **Schwarzer Nachtschatten** *(Solanum nigrum)*: Giftpflanze, Bestandteil der Hexensalben. ☠
- **Stinkende Nieswurz** *(Helleborus foetidus)*: Sollte ein Wundermittel gegen die Pest sein, vor Wahnsinn schützen und bei Lepra helfen, aber auch diese Pflanze ist besonders giftig. ☠
- **Weiße Zaunrübe** *(Bryonia alba)*: Zauberpflanze, oft als falsche Alraune verwendet; wer sie im Garten hatte, wurde in den folgenden zwei Jahren garantiert mit großem Reichtum gesegnet. ☠

☠ Vorsicht Giftpflanze!

licherweise werden einige dieser Bräuche aber auch heute noch in den Alpenregionen Salzburgs und in Bayern praktiziert – vermutlich allerdings mehr aus der Tradition heraus als aus Hexenzauber.
Zum Beispiel malte man drei Kreuze mit Kreide an die Stalltüre, und an der Haustür wurden Hexenkräuter aufgehängt (z. B. Misteln, Disteln, Gundelrebe), die die Zauberkraft der Hexen brechen sollten. Außerdem wurden Kränze aus dornigen Sträuchern (Weißdorn u. a.) gebunden und im Stall aufgehängt, um böse Geister zu vertreiben und von den Tieren fernzuhalten.
Jeder Besen wurde in der Walpurgisnacht mit den Borsten nach oben aufgestellt, um Hexen den Zugang zu verwehren. Auf die Türschwellen streute man geweihtes Salz. Und der Rahmtopf musste in der Walpurgisnacht (30. April auf 1. Mai) leer bleiben, denn in ein Haus mit vollen Töpfen wollten die Hexen besonders gerne einziehen.
Am 1. Mai ging niemand vor dem ersten Hahnenschrei aus dem Haus, denn wie leicht konnte man doch noch einer verspäteten Hexe begegnen!
In der Walpurgisnacht trug man Kränze aus Gundelrebe *(Glechoma hederacea)*, denn dann konnte man alle Hexen sofort und ohne Probleme erkennen und ihnen gezielt aus dem Weg gehen.
Walpurgis ist, wie kann es auch anders sein bei so viel Hexerei, ein besonderer Tag, an dem man aus diversen Dingen seine Zukunft lesen kann: Wer etwa wissen möchte, ob der/die Geliebte treu bleibt, pflanzt zwei Vergissmeinnicht in etwas Erde auf einen Stein. Wenn sich die Pflanzen einander zuneigen, bleibt er/sie treu, und es steht vielleicht sogar eine Hochzeit ins Haus.

Für Verliebte

Um die sogenannten Liebeskräuter ranken sich viele Geschichten und Erzählungen. Selbstverständlich möchte ich Ihnen neben den »wirkungsvollsten« Kräutern auch ganz spezielle »Liebesrezepte« nicht vorenthalten.
Sie werden sicher lächeln, und ich habe diese Zeilen tatsächlich mit einem zwinkernden Auge geschrieben, obwohl alle in den Rezepten beinhalteten Kräuter tatsächlich anregend und aphrodisierend wirken können, denn schon Eva verführte Adam bekanntlich mit einem Apfel – und auch heute noch stillt Lust und Verführung durch Küchenkräuter so manchen (Liebes)-Hunger.

Aphrodisierende Kräuter
Versuchen Sie einfach einmal Lammfleisch mit Kümmel, Anis und Fenchel – schon haben Sie ein wunderbar aphrodisierendes Hauptgericht. Selbst beim sommerlichen Grillvergnügen kann es »aphrodisisch« zugehen, wenn Sie Lavendel, Rosmarin, Thymian oder Wacholder etwas anfeuchten und beim Grillen in die Glut streuen.

Das alte Sprichwort »Liebe geht durch den Magen« ist nicht einfach so dahergesagt. Diese Aussage beruht auf jahrtausendealter Erfahrung, denn Essen und Sinnlichkeit haben viel mehr miteinander zu tun, als man glaubt. Man sagt ja auch: »Ich hab' dich zum Fressen gern.«
Viele antike Darstellungen zeigen freimütig und auf unterschiedliche Weise, wie sehr bei den Römern und Griechen ausschweifende Feste die Lust auf fleischliche Genüsse anheizten …

Liebeskräuter für alle Fälle

Nachfolgend – und ganz ohne Hintergedanken – hier eine Liste der Kräuter, die angeblich noch einiges mehr können als nur gesund und lecker zu sein und unseren Garten zu verschönern.

Knoblauch

Beschreibung siehe Seite 53 ff.
Dem Knoblauch wurden in diesem Buch schon einige Zeilen gewidmet, die er sich auch verdient hat, denn er ist eine der ältesten Pflanzen, die die Menschheit nutzt.
Knoblauchketten oder -zehen hängte man sich als Talisman um, der vor bösen Geistern schützen sollte.
Schwer vorstellbar, dass er helfen soll, jemanden zu betören, aber er galt auch als Aphrodisiakum, von dem sich Liebende noch leidenschaftlichere Gefühle erhofften.

Seine Wirkstoffe machen ihn zudem als Blutdrucksenker und unschlagbares Würzmittel in der Küche interessant.
Tipp: Reiben Sie die Schüssel für den Salat zum Abendessen zur Aromaverstärkung usw. mit einer frischen Knoblauchzehe aus.

Lavendel

Beschreibung siehe Seite 73 f.
Eine alte Legende besagt, dass die heilige Maria die Windeln von Jesus in Lavendelwasser wusch. Auch Griechen und Römer schütteten gern Lavendelöl in ihre Badewanne. Daher auch der Name des Lavendels, der aus dem Lateinischen übersetzt soviel wie reinigen bedeutet. In manchen sogenannten Duft- oder Lustgärten des Mittelalters wurde Lavendel nicht nur gerne in Blumenbeete gesetzt, man legte statt grünem Rasen sogar Lavendelrasen an, in dem dann die Liebenden kuscheln konnten. Schon lange gehören der Lavendel und die Liebe zusammen. Hochzeitskleidung zum Beispiel wurde früher für gewöhnlich mit Lavendel parfümiert.

Schon die alten Ägypter wussten um die wohltuende Wirkung von Lavendel. Der Duft der Blüten und Blätter entspannt den Geist und sorgt für Wohlbehagen.

Petersilie

Beschreibung siehe Seite 57 f.
Die Petersilie zählt seit langem zu den Klassikern unter den Kräutern, und nicht nur zu denen für die Küche. Die Griechen krönten die Sieger bei den kämpferischen Spielen mit Petersilienkraut, und nicht nur Römerinnen aßen Petersilie in Mengen, um ungewollte Schwangerschaften zu beenden. Heute weiß man: Ihre anregende Wirkung verdankt die Petersilie ihren Inhaltsstoffen: Sie reizen Niere und Blase und wirken dadurch indirekt auf die Sexualorgane. Der Wirkstoff Apiol ist schuld daran, dass dieses eher unscheinbare Küchenkraut in Mengen genossen außergewöhnlich stimuliert.

Rosmarin

Beschreibung siehe Seite 62 f.
Glaubt man alten französischen Kräuterbüchern, so schärft der Genuss von Rosmarin den Blick der Männer für weibliche Reize. Wie schon im Kapitel über die »Südländer« angeführt, stärkt er angeblich das Gedächtnis, was ihn schon bei den alten Griechen zum Symbol für ewige Treue erhob. Stellt man am Vorabend des Johannistags eine Schüssel mit Mehl unter eine Rosmarinpflanze, sind am Morgen die Initialen des künftigen Gelieb-

ten im Mehl zu erkennen (vielleicht waren es aber auch nur neugierige Ameisen).

Liebes-Rezepte

Also, zuerst müssen Sie Fledermäuse trocknen, Froschaugen mahlen und Baumwanzen zerreiben. Dann warten Sie auf den nächsten Vollmond, erhitzen alles mit Wasser, Kräutern und Wein, rühren kräftig um, 27-mal nach rechts, dann 27-mal nach links und denken dabei intensiv an Ihre geheimsten Wünsche. Schon ist der Liebestrank fertig! Zu kompliziert? Keine Sorge, heute ist es viel einfacher, ein Liebeselixier zu zaubern. Besonders Geruch und Geschmack beflügeln die erotische Fantasie. Die feinen Sinneszellen der Nase registrieren schon kleinste Reize und leiten sie an das limbische System weiter. In diesem ältesten Teil des Gehirns entstehen Gefühle, werden Erinnerungen wachgerufen, Assoziationen geweckt. Hier ein paar Rezepte, bei denen das Ausprobieren sicher nicht schadet, aber möglicherweise grandiose Erfolge zeitigt …

Eine schmackhafte Idee für Ihr nächstes »Dinner for two«, die bestimmt begeistert aufgenommen wird – brennende Sehnsuchts-Nockerl.

Tee zur Entfaltung der Liebesgefühle

Zutaten:
4 EL Petersilienwurzel (gerieben)
2 EL Sellerieblätter (klein gehackt)
2 EL Brennnesselsamen
2 EL Schachtelhalm
2 EL Bohnenkraut
1 EL Rosenblüten

Zubereitung: 1 EL der Mischung in einer großen Tasse mit siedendem Wasser übergießen, mindestens 7–8 Minuten ziehen lassen, abgießen. Trinkt man täglich mindestens 2 große Tassen von diesem Tee, sollten sich nach 2 Wochen die Liebesgefühle voll entfaltet haben. Und wenn dieser Liebestee auch nicht helfen sollte: Er schmeckt auf jeden Fall köstlich und bringt den Kreislauf in Schwung.

Brennende Sehnsuchts-Nockerl

Zutaten:
40 g gekochte Brennnesseln
1 Bund fein gehackte Petersilie
1 Knoblauchzehe
25 g fein gehackte Zwiebeln
170 g gekochte und passierte Kartoffeln
1 Ei
70 g Mehl
1 TL Kräutersalz

Zubereitung: Aus allen Zutaten einen Teig kneten, Nocken formen und in Salzwasser ziehen lassen, bis sie von selbst an die Oberfläche kommen. Schmeckt lecker mit Butter und Parmesankäse serviert.

Liebessalat

Zutaten:
300 g Blattsalat
1 Zweig Rosmarin
1 TL frische Bohnenkrautblätter
2 mittelreife Avocados
1 EL Zitronensaft

Für die Sauce:
3 EL Weißweinessig
1 Prise Muskat
Salz, Pfeffer
5 EL Olivenöl

Zubereitung: Die gewaschenen Salatblätter und die Kräuter auf dem Teller verteilen. Avocados vierteln, fächerartig aufschneiden, mit Zitronensaft beträufeln und je 2 Avocadofächer am Tellerrand arrangieren. Danach Essig und Gewürze miteinander verquirlen, das Öl dazurühren, Sauce über den Salat geben.

Dieser Liebeslikör wird nach einem uralten, überlieferten Rezept hergestellt und schmeckt ausgesprochen köstlich – auch nicht Verliebten!

Liebessuppe

Zutaten:
300 g Karotten
1 Zwiebel
2 EL Butter
400 ml Gemüsebrühe
100 ml Orangensaft
1 MS Ingwer
je 1 EL Bohnenkraut, Petersilie
Pfeffer aus der Mühle, Salz
2 EL Crème fraîche

Zubereitung: Karotten und Zwiebel schälen und klein würfeln. Die Butter in einem Topf erhitzen und die Gemüse darin andünsten. Mit der Brühe aufgießen und weich kochen. Die Suppe im Mixer fein pürieren und mit dem Orangensaft nochmals erwärmen. Den geschälten Ingwer auf einer feinen Reibe reiben und ebenfalls in die Suppe geben. Suppe mit Salz und Pfeffer abschmecken, mit Kräutern würzen und auf zwei Teller verteilen. Obenauf noch je einen Klecks Crème fraîche setzen und servieren. Falls die Suppe zu dickflüssig wird, mit etwas Brühe verdünnen.

Liebeslikör

Zutaten:
1 Liter Wodka
10 g Zimt
20 g Zitronenschale
15 g Bohnenkraut
5 g Koriander
5 g Muskatblüte
5 g Vanille
1 kg Rohzucker
1/2 Liter Wasser

Zubereitung: Alle Zutaten bis auf den Rohzucker und das Wasser im Wodka 2 Wochen ziehen lassen und dabei täglich umrühren. Dann einen Sirup bereiten, indem Sie Wasser und Zucker einige Minuten kochen lassen und alles mischen.

Liebesparfüm

Zutaten:
25 ml Jojobaöl
5 Tropfen Linaloeholzöl
5 Tropfen Vanilleöl
3 Tropfen Rosenöl
3 Tropfen Veilchenöl
3 Tropfen Olibanumöl
(alle Zutaten in der Apotheke erhältlich)

Zubereitung: Mischen Sie das Trägeröl mit den ätherischen Ölen, schütteln die Mixtur kräftig durch und tragen Sie sie wie Parfüm auf die Haut auf. Verwenden Sie nur naturreine ätherische Öle. Mit diesem Liebesparfüm duften Sie verführerisch, wenn Sie zu einem Rendezvous oder auf eine Party gehen.

Das selbstgemachte Liebesparfüm riecht ausgesprochen lieblich. Seine Herstellung ist sehr einfach und wird Ihnen keine Probleme bereiten.

Schmuseöl

Zutaten:
125 ml Olivenöl aus erster Pressung
30 ml Mandelöl
20 Tropfen Geraniumöl

Zubereitung: Vermengen Sie die Öle 10 Minuten lang, füllen Sie sie in eine dunkle Glasflasche und lassen Sie die Mischung 1 Woche lang stehen. Nach jedem Bad auf die Haut auftragen (wirkt Wunder!).

Zauber-Räucher-Kräutermischung

Erotisch und anregend.

Zutaten:
3 g Weihrauch
5 g Myrrhe
3 Patschuliblätter
1 Salbeiblatt

Zubereitung: Die Zutaten vorsichtig miteinander mischen, dabei keine Blätter beschädigen. Einen Teelöffel dieser Mischung auf die durchgeglühte Kohle geben. Der Duft der Patschuliblätter ist allerdings nicht jedermanns Sache!

Großmutters Praxiswissen

Wetterzeichen und altes Brauchtum

Es war eigentlich schon immer so: Der Gärtner ist in besonderem Maße von der Witterung abhängig. Wenn man auch durch einige Tricks die Natur überlisten und Ernteverluste durch Wetterunbilden ein wenig auffangen kann, so wird doch ein großer Prozentsatz allen Wachsens und Gedeihens vom Wetter und seinen Kapriolen abhängig bleiben. Blütenpracht und Erntemengen bleiben weitgehend vom Klima längerer Perioden beeinflusst.
Einen ersten Anhaltspunkt für eine Wettervorhersage bieten Berichte zur Großwetterlage. Allerdings kann sich das Wetter regional deutlich von dem vorhergesagten Wetter der Meteorologen unterscheiden. Dies liegt daran, dass die überregionalen Wetterdienste nicht für jeden Landstrich eine genaue Prognose erstellen können. Lokale Wettergeschehnisse hängen sehr von den besonderen Bedingungen des Gebietes ab.
Doch nicht nur das Bild des Himmels und verschiedene Messergebnisse lassen Rückschlüsse auf das kommende Wetter zu, auch durch Beobachtung von Pflanzen und Tieren kann man so manche sichere Wettervorhersage treffen.

Wetterblumen …

Es gibt viele Wildblumen und Kräuter, die vor einem bevorstehenden Regen oder Schlechtwettereinbruch charakteristische, aufschlussreiche Verhaltensweisen an den Tag legen. Entweder sie schließen ihre Blüten, lassen die Köpfe hängen oder falten ihre Blätter zusammen. Sicherlich haben Sie die eine oder andere Blume in Ihrem Garten, die für Sie ein »Ersatz-Wetterfrosch« werden kann.
Die besten **Regenanzeiger** sind Mittagsblumen und Mittagsgold, die ihre Strahlenblüten bei bevorstehendem Regen schließen oder morgens erst gar nicht öffnen. Ebenso reagiert die Große Sternmiere, sie wird mancherorts deshalb auch Regenblümchen genannt. Faltet der Klee seine Blätter zusammen und lässt seine Blüten hängen, so ist ein Unwetter im Anzug.
Temperaturanzeiger sind Krokusse und Tulpen. Sie öffnen ihre Blüten nur bei zunehmender Erwärmung. Die Temperaturfühligkeit dieser Pflanze ist dabei erstaunlich fein, schon eine Zunahme oder Abnahme von wenigen Zehntelgrad Celsius veranlasst das Öffnen oder Schließen der Blütenblätter.

… und Wettertiere

Es gibt auch in der Tierwelt eine ganze Reihe ausgesprochener und zuverlässiger Schönwetterboten. Beobachten Sie an einem lauen Abend auf der Terrasse die Mücken. Wenn sie abends hoch, etwa 3 m über der Erde, tanzen, ist die Wahrscheinlichkeit sehr groß, dass der nächste Tag warm und schön wird. Auch die fleißigen Bienen, die bereits frühmorgens emsig ausfliegen und den ganzen Tag über Nektar sammeln, künden von stetigem, anhaltendem Schönwetter. Auch Spinnen sind Wetterpropheten. Wenn sie ihr Netz spinnen, ist mit einer anhaltenden Schönwetterperiode zu rechnen.
Bei bevorstehendem **Schlechtwetter** fliegen die Mücken niedrig, entsprechend auch die Insekten jagenden **Schwalben**. Wetterstürze oder Gewitter werden von aufdringlichen und aggressiven Stechinsekten angezeigt. Kommen Spinnen im Herbst in die Häuser, obwohl draußen noch warmes Wetter herrscht, wird es wahrscheinlich bald kalt.

Die Sache mit dem Mond

Naturgemäß zu gärtnern ist heute der Wunsch vieler Menschen. Mondkalender sind daher seit einigen Jahren in fast aller Biogärtner Munde. Und viele berichten, dass sie bessere Ernten und gesündere Pflanzen haben, seit sie sich bei Aussaat, Pflege und Ernte nach den Mondphasen richten. Zweifellos beeinflusst der Mond auf vielfältige Weise das Leben auf der Erde. Mit seiner gewaltigen Anziehungskraft bewegt er das Meer (Ebbe und Flut), die Mondphasen bewirken schwache oder starke Fluten. Die Erdoberfläche senkt und hebt sich im Rhythmus des zu- und abnehmenden Mondes; Baumstämme werden messbar dünner und dicker. Insekten benötigen das Mondlicht als Navigationshilfe, und viele Tiere nutzen den Mond als Zeitmesser. Warum also soll die Kraft des Mondes nicht auch auf das Pflanzenwachstum wirken?
Dem Mondgärtnern liegen uralte Überlieferungen und Erfahrungen zugrunde, aus einer Zeit, in der die Menschen noch viel direkter von den Zyklen der Natur abhängig waren. Das genaue Beobachten der Natur und ihrer Zeichen war darum lebenswichtig. Moderne Gärtner erproben wieder die Wirkung der alten Mondregeln, Wissenschaftler haben begonnen, sie zu erforschen, und können manches bereits bestätigen.
Nachfolgend finden Sie einige Tipps, wie Sie sich die Kraft des Mondes zu Nutze machen können.

Seit jeher übt der Mond eine unerklärliche Faszination auf den Menschen aus. Doch was ist wirklich dran an Mondkalendern, Mondkräften und der Schlaflosigkeit bei Vollmondnächten?

Zunehmender Mond

Diese Mondphase steht für Aufnahme und Stärkung, Wachstum, Kräftigung und Aufbau. (Je näher am Vollmond, desto stärker.)

- Kräftigende Substanzen, die wir unserem Körper in dieser Zeit zuführen, werden besonders gut aufgenommen. Medikamente sind bei zunehmendem Mond wirkungsvoller als sonst. Obst und Säfte geben mehr Vitamine ab.
- Wenn wir die Haare bei zunehmendem Mond färben, dann wird die Farbe besser und länger halten.
- Kräutertees, die bei zunehmendem Mond ihre volle Wirkung entfalten, sind: Hagebutte, Himbeerblätter, Brombeerblätter, Kamille, Anis und Fenchel. All diese Kräuter dienen zur Kräftigung und zum Aufbau.

Zubereitung von Kräutertees

Bei allen hier genannten Kräutertees verwendet man 1 EL getrocknete Mischung auf 1 Tasse Tee.
5 Minuten zugedeckt ziehen lassen.
Wenn gewünscht, mit Kandis oder Honig süßen.

Eine meiner vielen Köstlichkeiten – Mond-Tee in allen Variationen.

Zunehmender-Mond-Tee

Zutaten:
20 g Brombeerblätter
20 g Himbeerblätter
20 g Beeren der Schwarzen Johannisbeere
10 g Beeren vom Holunder
10 g Ysop
20 g Ringelblumen
25 g Zitronenverbene

Zubereitung: siehe Seite 119.

Vollmond

Diese Mondphase steht für Ruhe und Entspannung, für Ausgleich und Gelassenheit.

• Vollmond ist die Zeit der Muße. Er kann uns zu kreativen Tätigkeiten anregen und Dinge in uns fördern, die erst zum Durchbruch kommen müssen.

• Schlafstörungen nehmen zu. Schlafwandler müssen jetzt vorsichtig sein. Aber auch Liebe und Zärtlichkeit sind bei Vollmond stärker ausgeprägt als sonst. Die erhöhten Spannungen bei Vollmond bringen die Hormone durcheinander.

• Das Düngen von Pflanzen ist bei Vollmond und abnehmendem Mond am wirkungsvollsten, denn der Boden nimmt jetzt mehr Flüssigkeit auf.

• Gemüse und Früchte aus dem eigenen Garten schmecken besser, wenn sie bei Vollmond oder in den Tagen kurz danach geerntet werden. Kartoffeln haben bei Vollmond ihr bestes Aroma.

• Manche Menschen leiden zur Zeit des Vollmondes an Kopfschmerzen, Migräne, Unlust und Schlaflosigkeit. Deshalb für diese Zeit zwei Teerezepte:

Vollmond-Tee

Ein Schlaf-gut-Kräutertee.
Zutaten:
10 g Fenchel
10 g Passionsblumen
20 g Hopfenzapfen
20 g Zitronenmelisse
20 g Baldrian
10 g Johanniskraut
10 g Waldmeister

Zubereitung: 1 EL pro Tasse mit ca. 250 ml heißem Wasser übergießen und 5–7 Minuten zugedeckt ziehen lassen. 1 Stunde vor dem Schlafengehen trinken Sie an Ihrem Lieblingsplatz 1 Tasse dieses köstlichen Tees und Sie werden entspannt schlafen und erholt aufwachen.

Kopfweh-Tee

Zutaten:
20 g Hopfen
10 g Kamille
5 g Lavendel
20 g Zitronenmelisse
10 g Rosmarin

Zubereitung: siehe Seite 119.

Vollmond-Liebeszauber

Gehe in einer Vollmondnacht ins Freie (notfalls stell dich ans offene Fenster) und blicke zum Mond. Stell dir in allen Einzelheiten den Menschen vor, den du lieben könntest. Dann sage laut:
»Ich schaue auf den Mond,
der Mond schaut auf mich.
Er bringe mir den Mann (die Frau), der (die) mich liebt.«
Ritze den Namen des/der Geliebten in einen Stein (das dürfte nicht

so einfach sein; vielleicht kann man ihn ja auch mit einem Filzstift auf den Stein schreiben) und lass den Stein dort liegen, bis der Mond abzunehmen beginnt. Lege den Stein nun unter dein Kopfkissen und mach dich daran, diesem Menschen zu begegnen. Lass deine ganze Magie und deine Zauberkraft auf ihn wirken!

Das Wissen über die »magischen« Auswirkungen des Mondes wird von alters her überliefert und von Generation zu Generation weitergegeben.

Abnehmender Mond

Diese Mondphase steht für Loslassen und Reinigung. Unsere Energien sind verringert, der Köper ist erschöpft.

• Jetzt ist der richtige Zeitpunkt, um eine Fastenkur oder eine Diät anzufangen. Bei abnehmendem Mond tun wir uns leichter damit und wir werden schneller ein paar Pfunde los als sonst.
• Jetzt ist auch die Zeit für den Großreinemachtag. Putzen und Waschen gehen in dieser Phase leichter von der Hand.
• Unkrautjäten lohnt sich in dieser Mondphase besonders.
• Wenn wir ein gutes Rasenwachstum wollen, dann sollten wir jetzt den Rasen mähen.
• Bäume und Sträucher sollten jetzt geschnitten werden, da nun ihre Säfte absteigend sind.
• Auch Renovierungsarbeiten sollten jetzt begonnen werden.
• Kräutertees zur natürlichen Entschlackung: Brennnessel, Pfefferminze, Holunderblüten, Birkenblätter, Löwenzahnblätter. Die Frühjahrskur mit Brennnessel-Tee zur Blutreinigung ist ein altes und bekanntes Heilmittel, man sollte damit bei abnehmendem Mond beginnen.
• Getrocknete Kräuter sollten bei abnehmendem Mond abgerebelt und in Dosen verpackt werden, dann ist das Risiko, dass sie Schimmel ansetzen, geringer.
• Ganz allgemein ist es die Zeit, wo Operationen erfolgreicher verlaufen können. Insgesamt sind die Heilungschancen verbessert.

Tee für die Phase des abnehmenden Mondes

Zutaten:
20 g Brennnessel
20 g Holunderblüten
20 g Schafgarbe
20 g Birkenblätter
10 g Kamille
20 g Zitronenverbene

Zubereitung: siehe Seite 119.

Entgiftungstee

Zutaten:
10 g Labkraut
10 g Zinnkraut
20 g Brennnessel
20 g Thymian
10 g Salbei

Zubereitung: siehe Seite 119.
Dieser Tee kann sich, über 14 Tage getrunken, positiv auf Leber und Blut auswirken. 14 Tage pausieren und eventuell Kur wiederholen.

Mondphasen und Sternzeichen im Garten

Für mich ist es seit vielen Jahren eine Selbstverständlichkeit, mich bei Aussaat und Pflanzung meiner Kräuter und meines Gemüsegartens nach den Mondphasen im Kreis der Sternbilder zu richten. Wenn man einmal damit angefangen hat, kann man nach einiger Zeit gar nicht mehr anders, als bei der Aussaat darauf zu achten, ob man sich im richtigen Sternzeichen dafür befindet.

Gärtnern mit dem Mond

Die meiner Meinung nach einfachste Art, sich bei Aussaat und Pflanzung am kosmischen Rhythmus zu orientieren, ist die Beachtung der einzelnen Mondphasen. So steigen bei zunehmendem Mond die Säfte der Pflanzen nach oben, und als Gegenstück dazu ziehen sich bei abnehmendem Mond die Kräfte in den Wurzelbereich zurück. So ist je nach Bedürfnis und Eigenschaft der Pflanzen der günstigste Zeitrahmen für Aussaat und Pflanzung vorgegeben.

- Ich säe bei **zunehmendem Mond** all meine Kräuter, Blattgemüse und blühenden Pflanzen.
- Der **abnehmende Mond** hat sich zum Säen und Pflanzen von Zwiebel- und Knollenpflanzen und Wurzelgemüse als optimal erwiesen. Jetzt ist auch die richtige Zeit, um Bäume und Sträucher zu pflanzen.
- Weitere Tätigkeiten im Garten stehen auch unter »Abnehmender Mond« (Seite 102).

Der Einfluss der Tierkreiszeichen

Wer es ganz genau nimmt, kann sich bei der Aussaat und Pflanzung zusätzlich am jeweiligen Tierkreiszeichen orientieren. Hier unterscheidet man Blatt-, Wurzel-, Frucht- und Blüte-Tage.

- Blattgemüse sollte bevorzugt an **Blatt-Tagen** gesät und gesetzt werden – im Zeichen von Fische, Krebs, Skorpion.
- Wurzelgemüse sät und pflanzt man an **Wurzel-Tagen** – unter Stier, Jungfrau, Steinbock.
- Fruchtpflanzen sät oder pflanzt man an **Frucht-Tagen** – Widder, Löwe, Schütze.
- Blumen, Blütenpflanzen und die meisten Heil- und Würzkräuter gedeihen am besten, wenn sie an einem der **Blüten-Tage** gesät oder gepflanzt werden – also vorzugsweise in den Sternzeichen Wassermann, Zwillinge, Waage.

Aber bei allem Mond- und Gestirneschauen nicht vergessen: Ein ganz wichtiger Punkt zum Gelingen Ihrer Gartenarbeit ist, dass der Boden, in dem Ihre Kräuterkinder den Sommer verbringen sollen, optimal vorbereitet ist. Es hilft die genaueste Arbeit nach den Mondphasen nichts, wenn der Boden zu fett, zu feucht oder ausgelaugt ist. Grundvoraussetzung für ein gutes Gartenjahr ist die optimale Bodenbeschaffenheit, damit sich Ihre Pflanzen wohl fühlen, wobei der Anspruch unserer meisten heimischen Kräuter eher gering ist. Meist genügt ein warmes, sonniges Plätzchen, ab und zu eine Düngergabe mit Brennnesseljauche oder ein Mulchpolster aus Rasenschnitt und an besonders heißen Sommertagen eine Extraportion an Gießwasser.

In alten Bauernregeln findet man viele Tipps und Regeln für unterschiedlichste Tätigkeiten, die zu einer bestimmten Mondphase ausgeführt werden sollten.

Kräuter speziell für Frauen

Eine Vielzahl an für das weibliche Geschlecht »typischen« Beschwerden, angefangen von der Pubertät über die Wechseljahre bis ins Alter, können begleitend mit der Kraft der Kräuter behandelt werden. Auch die Schulmedizin nutzt schließlich Inhaltsstoffe von Heilpflanzen zur Gewinnung von Ausgangssubstanzen für die Frauenheilkunde.
Zur Linderung von chronischen Leiden oder ganz einfach nur zum Wohlfühlen stehen uns zahlreiche Frauenkräuter mit unterschiedlichen Wirkungen und Wirkstoffen zur Verfügung.

Der Frauendreißiger

Der sogenannte Frauendreißiger, der den Zeitraum vom 15. August bis 13. September umfasst, geht weit in heidnische Zeiten zurück. Dem uralten Glauben an die Zauberkraft der Pflanzen, den es schon bei den Germanen gab, konnte auch das Christentum nichts anhaben – und übernahm ihn deshalb. Ein Beispiel sind die Kräuterbüschel, die am Marienfeiertag, dem 15. August, geweiht werden und die früher heidnischen Gottheiten heilig gewesen sind. Da ist zu nennen das *Galium verum* (Labkraut), welches einst der holden Freia heilig war und das man bereits damals schwangeren Frauen zur leichteren Entbindung ins »Kindbett« legte. Aus dieser heidnischen Zeit sind uns noch heute Kräuternamen bekannt, die in unseren Kräuterbuschen zu finden sind, zum Beispiel die Kamille, die in Skandinavien »Baldersfrau« heißt und als göttliches Kraut gerne für Heilzwecke verwendet wird. Auch die Gundermann-Donnerrebe (Donar-Rebe), die an den Gott Donar erinnert, stand in großer Verehrung. Unsere heidnischen Vorfahren melkten beim Viehaustrieb durch »Gundermannkränze« hindurch, um das Tier von Schadenzauber zu bewahren. Noch heute soll das Kraut von alten Bäuerinnen gegen »Milchverhexung« verwendet werden
Aber auch die Hauswurz, die bei uns im Salzburger Land oftmals noch Donnerbohne genannt wird, galt (und gilt teilweise bis heute) als wirksames Mittel gegen Blitzgefahr. Karl der Große verordnete ausdrücklich, sie zum Wetterschutz auf Hausdächern anzupflanzen.

Es gibt eine Vielzahl von Kräutern, die bei Frauenleiden wirksam sind.

Der Kräuterbuschen

Noch immer gibt es viele Bräuche rund um den Frauendreißiger – bei weitem nicht nur die Überzeugung, dass unsere Frauenkräuter in diesem Zeitraum am besten wirken. In besonderem Ruf standen etwa die sogenannten Frauendreißiger-Eier, da sie sich vorzüglich zum Aufbewahren über den Winter eigneten und im Frühjahr gern den Hennen zum Ausbrüten untergelegt wurden. Und am höchsten Frauenfeiertag, dem 15. August, wurde bzw. wird der Kräuterbuschen geweiht, der vorwiegend verschiedene sogenannte Frauenkräuter enthält.

Kräuter im Kräuterbuschen

Wie viele und welche Kräuter gehören in den Buschen? Diese Frage kann nicht eindeutig beantwortet werden, denn man kennt keine feste Regel. Es gibt Büschel mit über 70 Kräutern, aber zwölf Kräuter sollten es wenigstens sein. Am beliebtesten im »Bettstroh unserer lieben Frau« oder im »Marienbündel« sind:

- die **Königskerze**, in Österreich und Bayern auch »Muttergotteskerze« genannt, von der ein alter Spruch sagt: »Unsere liebe Frau geht über Land, hat den Himmelbrand in der Hand«,
- das **Johanniskraut**, es schirmt gegen böse Geister ab,
- die **Schafgarbe**, sie bringt Ruhe und wirkt gegen Schwindsucht,
- das **Tausendgüldenkraut**, es hilft Hexen erkennen,
- die **Kamille**, sie stärkt das Hirn,
- die **Bibernelle**, sie hält die Pestilenz zur Stell,
- der **Beifuß**, er wärmt Magen und Geblüt,
- das **Kuckucks-Lichtnelke**, sie übt heftigen Liebeszauber aus,
- das **Immergrün**, es befördert die Leibauskehr,
- der **Bärenklau**, er hilft gegen Blitzgefahr.

Nach der Weihezeremonie trägt man das Büschel nach Hause,

Je nach Region werden die verschiedensten Kräuter in die Kräuterbuschen gebunden. Ein paar schöne Blumen aus dem Hausgarten gehören auch immer dazu – auf gar keinen Fall jedoch eine Pflanze mit Dornen!

hängt es im Speicher auf und holt zum Beispiel bei Krankheit einer Kuh etwas vom »G'weichten« und mischt es ins Futter. Erkrankt ein Mensch, wird etwas davon in den Tee gegeben, und beim weihnachtlichen Räuchern verbrennt man etwas von den Kräutern.

Kräutertipps für Frauen

Nicht vergessen sollen wir den tiefen Sinn, dass den Kräutern auch eine symbolische Bedeutung in der Marienverehrung zukommt. Denn sie stellen sinnbildlich Symbole der edlen Tugenden unserer lieben Frau, der Gottesmutter, dar und finden in ihr ein leuchtendes Vorbild. Die diesbezüglich bekanntesten Frauenkräuter sind:

- **Frauenmantel** (Beschreibung siehe Seite 80 f.),
- **Schafgarbe** (Beschreibung siehe Seite 84 f.),
- **Weiße Taubnessel** (Beschreibung siehe Seite 87).

Gegen vielerlei Frauenleiden ist denn auch ein eigenes Kraut gewachsen, manchmal sogar mehrere. Neben Rezepten für spezielle **Frauentees** (siehe Seite 121) habe ich noch einige andere Tipps gefunden, die ein Ausprobieren durchaus lohnen:

Bei Regelschmerzen

- Bohnenkrautöl in den Unterbauch- oder in den Steißbeinbereich einreiben. Das wunderbare

Bei keiner anderen Pflanze bin ich mir der positiven Wirkung speziell auf Frauen so sicher wie beim Frauenmantel.

Öl gibt es im Handel, man kann es aber auch leicht selbst herstellen (siehe Kasten).

• Die gute alte Wärmeflasche hilft auch Regelschmerzen zu beheben. Allerdings Achtung: Wenn die Blutung schon begonnen hat, kann die Wärme den Blutfluss verstärken.

• Folgende Tees helfen Krämpfe zu lindern: Melisse, Schafgarbe, Frauenmantel, Hirtentäschel. (Zubereitung: 1 Prise, d.h. eine Menge, die zwischen 3 Finger passt, reicht für 1 Liter. Man nimmt 1 Prise Kraut, übergießt diese mit 1 Liter Wasser, deckt das Ganze zu und lässt es ca. 5 Minuten ziehen.)

Rezept für Bohnenkrautöl

Bohnenkraut klein schneiden, kurz antrocknen und lagenweise mit Sonnenblumen- oder Olivenöl übergießen. Die letzte Schicht bildet wieder Öl. In Öl konservierte Pflanzen sollten in kleinen Gebinden aufbewahrt und kühl gelagert werden. Beim Entnehmen ist auf strikte Sauberkeit zu achten. Bis das Öl alle Aromastoffe aufgenommen hat, dauert es ca. 3 Wochen.

Bei Brustspannen

• Süßes und Salziges meiden, da so zusätzliches Wasser im Körper gebunden wird.

• Einen Kartoffel- oder Reistag einlegen, d.h. einen Tag lang nur in der Schale gekochte Kartoffeln essen – oder 1 Tasse Vollreis mit 1 Apfel und 4 Tassen Wasser kochen und über den Tag verteilt essen; dazu viel Wasser oder Tee trinken. Der Urin sollte hell sein und nicht riechen.

• Tees aus folgenden Kräutern entwässern: Brennnessel, Birkenblätter, Zinnkraut (Schachtelhalm).

• Folgende Tees wirken ausgleichend auf die Stimmung: Baldrian, Melisse, Lavendel, Rosenblätter. (Zubereitung siehe Seite 119).

Bei Pubertätsakne

• Süßes (Schokolade, etc.) und Salziges (Chips etc.) vermeiden.

• Softdrinks, Kaffee, Schwarztee meiden.

• Täglich 2 Liter Kräutertee und Wasser trinken.

• Täglich 1 Apfel und 1 Karotte essen.

Ganz wichtig: Entdecken und würdigen Sie die Aspekte Ihres Frauseins und Ihres Alters. Unsere Gesellschaft braucht Großmütter, braucht »weise« Frauen, die den Jüngeren mit ihrer Lebenserfahrung den Weg durchs Leben ebnen bzw. mit Rat aushelfen können.

• Das Gesicht 1- bis 2-mal pro Woche peelen, z.B. 1 EL Weizenkleie mit 2 EL Wasser verrühren und damit das Gesicht und Dekolleté peelen. Dann echten Bienenhonig auf das Gesicht auftragen und 20 Minuten einwirken lassen. Anschließend mit lauwarmem Wasser abwaschen und eine leichte Feuchtigkeitscreme auftragen.

• Ein Gesichtsdampfbad mit Ysop, Schafgarbe, Kamille und Ringelblume machen. Dabei gibt man auf ½ Liter Wasser ¼ kg Salz, lässt es kurz aufwallen und lässt damit das Gesicht bedampfen.

• Gesichtsdampfbad mit Wacholderbeeren, Salbei, Rosmarin, Ysop oder Minze: Man wählt das Kraut, mit dem man dampfbaden möchte, gibt auf ½ Liter kochendes Wasser 2 EL getrocknetes Kraut und lässt es 10 Minuten ziehen. Dann über dem Topf dampfbaden. (Vorsicht! Das Wasser unbedingt auf eine ungefährliche Temperatur abkühlen.)

Bei Wechselbeschwerden

• Probieren Sie den Wechseljahre-Wohlfühl-Tee auf Seite 121.

Großmutters wertvolle Haushaltstipps

Sie kennen sicher den Spruch: »Was Großmutter schon wusste, muss nicht von gestern sein.« Unsere Großmütter, noch mehr die Urgroßmütter, kannten die wohltuende und heilsame Kraft der Kräuter. Sie wussten zum Beispiel, mit welch einfachen und natürlichen Mitteln man kleine und größere Probleme in der Küche, im Garten oder wenn ein Familienmitglied krank wird, in den Griff bekommt. Leider gerieten diese Kenntnisse im Laufe der Zeit weitgehend in Vergessenheit. Aber verloren gegangen sind sie noch lange nicht. Auf den folgenden Seiten haben Sie die Gelegenheit, von Großmutters Erfahrungsschatz zu profitieren.

Wertvolle Kräutertipps

Kräuter richtig trocknen

Frische Gewürzkräuter sind ein wahrer Genuss, doch um auch im Winter den Sommer genießen zu können, sind wir auf getrocknete Kräuter angewiesen. Handelsübliche Ware ist, wie schon erwähnt, selten erstklassig. Wer auf 100 % Aroma nicht verzichten will, sollte daher den Versuch starten, seine Gewürzmischungen selbst herzustellen.

Gartenkräuter kann man das ganze Jahr über trocknen. Besonders empfiehlt es sich, jüngere Pflanzen zu trocknen, da diese am meisten Aroma enthalten. Man kann Blätter, Blüten, Samen, Wurzeln oder die ganze Pflanze trocknen. Dazu bindet man Pflanzen und deren Teile, sofern das möglich ist, zusammen und hängt sie kopfunter auf. Der Ort sollte im Schatten liegen und wenig Luftfeuchte haben.

Die getrockneten Kräuter kann man anschließend zerkleinern und luftdicht in einem möglichst dunklen Gefäß verschließen. Sie können die Pflanzenteile aber auch im

Bitte beschriften Sie die zum Trocknen aufgehängten Kräuter, damit Sie sie im getrockneten Zustand noch voneinander unterscheiden können.

Ganzen aufbewahren und erst beim Verbrauch zerkleinern, so bleibt noch mehr Aroma enthalten.

Kräuter in der Küche

Kräuter frisch halten

Frische Kräuter (auch Petersilie oder Schnittlauch aus dem Supermarkt) halten länger, wenn man sie in ein Glas mit Zuckerwasser stellt.

Wenn Zwiebeln schlappmachen

In jedem Haushalt kann es vorkommen, dass Speisezwiebeln während der Lagerung austreiben und für Kochtopf oder Pfanne nicht mehr so gut zu verwenden sind. Sie sind deshalb aber keineswegs minderwertig, im Gegenteil. Lassen Sie einen alten Spartipp wieder zu Ehren kommen: Pflanzen Sie diese Zwiebeln in einen passenden Blumentopf und stellen diesen an einen warmen, hellen bis sonnigen Standort mit Zimmertemperatur. Schon bald wachsen sogenannte Zwiebelröhrchen, die Sie zum Beispiel als Ersatz für Schnittlauch verwenden können. Je nach Bedarf und Wachstum der Zwiebelröhrchen können Sie dann einen entsprechend kühleren, aber sonnigen Standort wählen.
Es empfiehlt sich, in verschiedenen Abständen neue Zwiebeln einzupflanzen. Das Grün der Zwiebeln ist übrigens äußerst unempfindlich gegen Läuse und andere Schädlinge sowie gegen Krankheiten. Ein Versuch lohnt sich immer.

Für all jene, die keinen eigenen Garten haben, ist ein Kräutergarten auf der Fensterbank eine tolle Alternative.

Schnittlauch für den Winter

Wer im Winter frischen Schnittlauch möchte, gräbt Anfang Oktober einen kräftigen Horst aus, teilt ihn und legt die Stücke an eine geschützte Stelle im Garten.
Gut eignet sich ein leerer Frühbeetkasten. Durch die trockene und frostige Lagerung welken die Halme bald. Ende Oktober topft man die Teilstücke dann in lockere Erde und stellt sie an einer geschützten Stelle im Garten auf. Mitte Dezember holt man sie ins Haus und gießt vorsichtig an. Im Nu treiben die ersten Halme, und bis Weihnachten sind sie erntereif. Im Frühjahr werden die Pflanzen wieder draußen eingesetzt.

Kräuterbeet am Fensterbrett

Wenn die Blumenkästen nach dem Spätsommer nicht mehr schön aussehen, nutze ich den freien Platz in meinen Balkonkästen gerne für leckeres Gemüse. Nachdem ich frische Balkonerde eingefüllt habe, säe ich Feldsalat oder Rucola bis Ende September direkt in die Kästen. Die pikant schmeckenden Pflanzen keimen relativ schnell und vertragen sogar leichten Frost oder Schneefall. Ich rücke sie vorsichtshalber dicht an die Hauswand heran. Ab November kann ich dann nach Bedarf ernten.

Aromatischer Knoblauch

Das Aroma von Knoblauch kann intensiviert werden, wenn man 14 Tage vor der Ernte sein Blattwerk zusammenbindet.

Gegen Motten & Co.

- Getrocknete Apfelsinenschalen vertreiben Motten, wenn sie in einem Stoffbeutel in den Kleiderschrank gelegt werden.

- Auch Essigdämpfe sind Motten unangenehm: Essig auf ein heißes Bügeleisen träufeln und in betroffene Schränke dampfen lassen.
- Die beste Mottenfalle ist eine Pappschachtel mit Deckel, an deren Seiten einige Fluglöcher (2–3 cm Durchmesser) eingeschnitten sind. Hinein legt man Wollstoffreste, die nachts die Motten anlocken. Der Erfolg ist erstaunlich! Den Inhalt wöchentlich kurz auskochen, sodass die Motten mit Brut getötet werden.
- Ein gutes Mottenmittel ist Steinklee, den man getrocknet in dünnen Stoffbeuteln zwischen die Kleider hängt.

Dekorationsideen mit Kräutern

Mit Kräutern kann man allerlei Dekoratives für Haus und Garten »zaubern«.

Ostereier und Textilien färben

Naturfarben werden aus so genannten Färbekräutern oder Pflanzenteilen wie Rinden, Schalen oder Wurzeln gewonnen. Zum Ansetzen der Färbebrühe weicht man die gesammelten oder gekauften Färbepflanzen einige Stunden in kaltem Wasser ein. Danach wird das Wasser samt Inhalt aufgekocht und ca. eine halbe Stunde weitergeköchelt. Anschließend durchseihen. Die nun entstandene Färbebrühe kann zum Färben verwendet werden. Färbbar sind alle Naturtextilien und (Oster-)Eier.

Anleitung: Die Eier werden wie gewohnt gekocht, jedoch nicht in Wasser, sondern im angesetzten Kräutersud. Nach der Kochzeit kurz auf einem Blatt Küchenrolle rasten lassen, danach kalt abschrecken – und fertig sind Ihre ganz besonderen Ostereier, wo keines so aussieht wie das andere!

Dekotipp

Unzerkleinerte Gartenkräuter aller Art eignen sich vor allem im Herbst und Winter ideal für duftende Dekorationen überall im Haus.

Adventskranz nach Kräuterhexen-Art

Die warme Erinnerung an den Herbst hält ein Strohkranz mit aufgesteckten Zapfen von Lärchen oder Kiefern sowie Hagebutten und Beeren wach. Mit Krampen kann man sie gut befestigen. Einen wasserfesten Kranz kann man auch mit Moos umwickeln. Damit er sein Grün bewahrt, muss er ständig feucht gehalten und deshalb auf eine wasserdichte Unterlage gelegt werden. Als farbiger Zierrat kommen hier jedoch nur wasserfeste Stücke wie Kerzen und Band in Frage.

Einige Färbekräuter

- **Indigo:** kräftiges Blau
- **Kamille:** Hellgelb
- **Krappwurzel:** Rottöne
- **Kurkuma (Gelbwurz):** wunderschönes Gelb
- **Rainfarn:** Hellgrün
- **Schafgarbe:** helles Olivgrün
- **Walnussschalen:** Dunkelbraun
- **Zwiebelschalen:** Rotbraun

Das Ergebnis ist garantiert einen Versuch wert: Kräuter eignen sich hervorragend zum Färben von Ostereiern.

Eine ganz neue Variante des Adventkranzes – mit Kräutern und Zweigen dekoriert, duftet er in der vorweihnachtlichen Stube.

Wer seine Buchsbaumhecke im Garten sowieso gerade schneiden musste, kann die Zweige gleich zu einem immergrünen Adventskranz weiterverwerten – fehlen nur noch Kerzen, Schleifen und eine Perlenkette in kräftigem Lila.

Lavendel-Duftstäbchen

Schon unsere Großmütter haben Lavendel in Säckchen genäht, um Motten und Mücken zu vertreiben. Doch warum erst die Nähmaschine hervorkramen, wenn man so einfach Lavendelstäbchen basteln kann. Dazu erntet man die Lavendeltriebe mit langen Stielen, wenn sie bis in die Spitzen aufgeblüht sind. Die unteren Blätter entfernen. Jeweils 11 Ähren zusammenlegen und mit Nähgarn fest umwickeln. An der Basis der Ähren wird ein etwa 1 cm breites und 1 m langes Geschenkband einmal um die Stiele gewickelt. Knicken Sie die Stiele nun in entgegengesetzter Richtung nach oben über das Blütenbündel. Jetzt beginnt die Flechtarbeit: Das Zierband wird abwechselnd über und unter den Stielen rund um das Ährenbündel eingeflochten. Zum Schluss mit dem Geschenkbandrest eine Schleife um das duftende Lavendelstäbchen binden.

Lavendel-Rosen-Säckchen

Zutaten:
Kleine Baumwollsäckchen
Lavendelblüten
Rosenblüten
Gummiband
Dekoband
Getrocknete Blumen oder Kräuter
Klebepistole

Zubereitung: Füllen Sie in jeden Beutel Lavendel- und Rosenblüten und verschließen sie ihn mit einem Gummiband. Bitte achten Sie darauf, die Beutel nicht zu voll zu machen, da sie sich ansonsten schlecht verschließen und dekorieren lassen.
Binden Sie zum Schluss mit dem Dekorband eine Schleife um jeden Beutel und kleben Sie mit der Heißklebepistole zur Verzierung eine getrocknete Blume oder ein Lavendelsträußchen drauf.

Potpourri »Zauberwald«

Zutaten:
250 ml Lindenblüten
250 ml Zedernrinde-Späne
5 Tannen- oder Fichtenzapfen
je 1 TL Gewürznelken, Sternanis und Zimt
4 Tropfen Zedernholz-Duftöl
4 Tropfen Sandelholzöl
2 Tropfen Zimtöl
2 Tropfen Fichtennadelnöl

Zubereitung: Vermischen Sie alle Zutaten in einer Schüssel mit den Duftölen. Füllen Sie die Mischung in einen Plastikbeutel und lassen Sie diesen 2 Wochen durchziehen.
Danach in dekorative Schälchen füllen und die Wohnung wunderbar beduften.

Großmutters wertvolle Gartentipps

Was gibt es Angenehmeres, als nach Feierabend oder am Wochenende bei herrlichem Wetter gemütlich im eigenen Garten zu verweilen oder an einem wunderschönen Sonntagmorgen auf der Terrasse mit der gesamten Familie zu frühstücken?
Kräuter, Blumen und Stauden jeder Art erfreuen bei diesen Gelegenheiten unsere Sinne und tragen zu unserem Wohlbefinden bei.
Was aber tun, wenn unsere grünen Lieblinge nicht wachsen wollen oder sogar krank sind. Welche Pflanze braucht Licht, welche eher Schatten? Wie gießen wir richtig? Bei der heutigen Vielzahl an Pflanzenarten wird es immer aufwändiger, über jedes Kräutlein oder Pflänzchen Bescheid zu wissen. Ich habe in diesem Kapitel eine kunterbunte Vielfalt an uralten, überlieferten Rezepten gesammelt, die Ihnen helfen werden, Ihre Pflanzen gesund zu erhalten, zu ihrem Wohlbefinden beizutragen und das eine oder andere Problem, seien es Blattläuse oder Mehltau, zu lösen. Manchmal schaffen auch ganz einfache Düngetipps Abhilfe …

Natürlicher Pflanzenschutz

Lange Zeit – und lange bevor es die »chemischen Keulen« gab – waren Kräuter und Heilpflanzen die Nummer eins in der Schädlingsbekämpfung. Warum sollten wir also auf einen so großen Erfahrungsschatz verzichten? Unsere Kräuter haben viele Tricks auf Lager, um Wachstum und Ernteertrag anderer Pflanzen zu fördern oder lästige Schädlinge zu vertreiben. Hier einige erprobte Rezepte:

Unsere Kräuter haben viele Tipps und Tricks auf Lager, um lästige Schädlinge von sich zu fernzuhalten und zu vertreiben. Diese Eigenschaften können wir nutzen!

Alte Nylonstrümpfe für eine nahrhafte Pflanzenlauge mit Brennnessel, Beinwell und Wermut befüllen und ziehen lassen.

Brennnesseljauche bzw. Wildkräuterjauche

Die Inhaltsstoffe und ätherischen Öle der Brennnessel stärken die Widerstandskraft der Pflanzen gegen Schädlinge und Krankheiten, die daraus produzierte Jauche ist zudem reich an Stickstoff und anderen wertvollen Substanzen und kräftigt auch noch das Wachstum. Eigentlich erfüllt diese Form der Düngung jeden Gärtnerwunsch, einziges Handicap: Sie riecht etwas streng. Aber aufgrund des Düngeerfolges sieht man gerne darüber hinweg. Fast alle Gartenbewohner werden hellauf begeistert sein von der Brennnesseljauche, lediglich Bohnen, Erbsen, Zwiebeln und Knoblauch sollten Sie nicht damit düngen.

Zubereitung: Ein Gefäß (kein Metall) mit frischen Brennnesseltrieben ohne Samen befüllen (hervorragend hat sich bewährt, die Brennnesselblätter in einen alten Nylonstrumpf zu stopfen) und mit Regenwasser aufgießen.

Während der Gärungsphase von 10–14 Tagen in der Wärme offen (!) stehen lassen und öfters umrühren. 1-mal wöchentlich werden Ihre Gartenbewohner mit der unverdünnten Brennnesseljauche verwöhnt.

Damit es grünt und blüht: Düngetipps

- Werfen Sie alte Nylonstrümpfe nicht einfach auf den Müll, sondern befüllen Sie diese mit Brennnessel, Beinwell und Wermut für eine nahrhafte Pflanzenlauge. Der mit den Kräutern befüllte Strumpf wird in eine befüllte Regentonne gegeben und darf 10 Tage zugedeckt ziehen. Danach den Strumpf mit den Pflanzenrückständen herausnehmen und das Wasser als nahrhaftes Gießwasser verwenden.
- Düngen soll man nur an Tagen, an denen die Erde feucht oder wenigstens nicht ausgetrocknet ist, keinesfalls bei sonnigem Wetter.
- Eierschalensud: Schalen von frischen Eiern werden zerkleinert, in einen alten Topf gegeben und Wasser aufgefüllt. Das Ganze fest verschlossen etwa 3 Wochen durchziehen lassen. Tomaten und Gurken 1-mal wöchentlich mit diesem Wasser kräftig gießen (nicht auf die Blätter!). Lassen Sie den Eier-Wasser-Topf im Freien durchzie-

Leere Eierkartons sind viel zu schade, um einfach im Altpapier oder im Mülleimer zu landen: Als Pflanzcontainer sind sie sehr praktisch!

hen, da das Wasser nach einiger Zeit etwas riecht. Wirkt aber wunderbar auf die Gesundheit Ihrer Pflanzen.
- Fleischsud: Ein guter Dünger für (nicht nur) Schnittlauch ist Wasser, in dem Fleisch gewaschen wurde.
- Gebrauchte Teeblätter mit Beeterde gemischt ergeben eine hervorragende Düngung.

Kräuternachwuchs

- Geben Sie leere Eierkartons nicht einfach zum Altpapier, sie dienen mit Erde befüllt hervorragend als Pflanztöpfchen für die Kleinsten. Außerdem können sie mit den Pflänzchen in die Erde gepflanzt werden, da sie sich nach kurzer Zeit auflösen und auch noch einen guten Dünger abgeben.
- Damit Ihre aus Samen oder Ablegern selbst gezogenen Pflanzen zügig und gesund weiterwachsen, ist eine durchgängig gute Pflege wichtig. Die kleinen Töpfe oder flachen Schalen trocknen rasch aus. Prüfen Sie deshalb jeden Tag die Bodenfeuchte und gießen Sie bei Bedarf etwas nach. Praktisch sind Gießkannen oder Pumpgießer mit sanftem Wasserstrahl. Die Erde darf aber auch nicht ständig nass sein. Sonst faulen die zarten Wurzeln. Wenn die Anzuchtgefäße mit durchsichtigen Hauben abgedeckt sind, um ein feuchtwarmes Klima zu erzielen, muss man sie täglich lüften. Nehmen Sie die Abdeckungen jedoch nur jeweils kurz ab, sonst trocknen die Blättchen an der frischen Luft zu rasch aus.

Ein Platz für die Muße

Wenn es den Kräutern gut geht, geht es auch dem Gärtner gut – doch ohne Gartenbank fehlt einem richtigen Kräutergarten ein wichtiges Entspannungselement zum Ausruhen von der Arbeit und natürlich zum Wohlfühlen. Eine gemütliche Holzbank lädt ein, öfters im Kräutergarten zu verweilen, um sich an den vielfältigen Düften und bescheidenen Schönheiten der Kräuter, an den fleißigen Bienen, den vielen Schmetterlingen, den Vögeln an der Wassertränke und anderen kleinen Gästen zu erfreuen. Ein romantischer Sitzplatz dazwischen – das tut Leib und Seele gut!

Ein Muss im Refugium aller Kräutergärtner – genießen Sie auf einer Gartenbank den Duft Ihrer Kräuter.

- Bevor sich Sämlinge in ihren Saatschalen gegenseitig bedrängen, setzt man sie in Einzeltöpfe. Heben Sie dabei die Wurzeln sehr vorsichtig heraus, damit nichts abreißt. Pflanzen, die rasch in die Höhe wollen, bindet man gleich an Stützstäbchen fest, damit sie gerade wachsen.
- Düngen brauchen Sie frisch Umgepflanztes nicht, da die Erde einen Nährstoffvorrat enthält. Wählen Sie für den Pflanzennachwuchs sehr helle, aber nicht besonnte Plätze.
- Wer Gemüse- oder Kräuter auf der Fensterbank oder im Gewächshaus vorgezogen hat, sollte die

Fingerhut verlängert die Haltbarkeit von Kartoffeln.

Pflänzchen nicht von jetzt auf gleich ins Freiland setzen. Gewöhnen Sie Ihre Schützlinge erst einige Tage durch stetes Lüften an das Außenklima. Wenn die Sonnenstrahlen zu intensiv sind, einfach mit einem Blatt Zeitungspapier die Kräuterkinder abdecken und so für einen gewissen Sonnenschutz sorgen.

Weitere Tipps für Ihren (Kräuter-)Garten

Nachfolgend weitere altbewährte Methoden, damit sich Ihre Pflanzen das ganze Kräuterjahr über wohl fühlen und optimale Ergebnisse bringen.

Kräuter brauchen Luft

Ganz wichtig: Entfernen Sie im zeitigen Frühjahr abgestorbene Pflanzenteile, Blätter und alten Mulch von den Kräuterbeeten, damit Luft und Wärme in den Boden dringen und die Pflanzen zum Leben erwachen können.

Möhren mit Dill

Säen Sie zusammen mit dem Karottensamen einige Samenkörner Dill aus, das fördert die Keimung der Möhren. Sollten in der Möhrenreihe Lücken entstehen, die Pflänzchen aber an anderen Stellen zu dicht stehen, so können Sie durchaus noch verpflanzen. Sie müssen nur den richtigen Zeitpunkt erwischen. Die Wurzel der Möhre muss so gerade schon als winzige Möhre erkennbar sein, also schon eine gewisse Festigkeit besitzen, damit man sie auch kerzengerade in die Erde pflanzen kann. Sonst kommt es zu unschönen Verformungen!

Kartoffeln & Fingerhut

Durch Zufall bin ich vor vielen Jahren draufgekommen, dass Kartoffeln, in deren Nähe der wunderschöne Fingerhut gepflanzt wurde, resistenter gegen Krankheiten und Kartoffelkäfer sind, mehr Ertrag bringen und auch länger lagerbar sind. Sie brauchen keine Angst zu haben, wenn Ihre Kartoffeln neben einer Giftstaude wachsen. Der Fingerhut gibt nichts von seiner Giftigkeit an Beetnachbarn ab

Unkraut bekämpft Unkraut

Ich bekämpfe tatsächlich in meinem Garten Unkraut mit Unkraut – und es hat sich als sehr hilfreich erwiesen. Ich lasse in meinen Beeten das Unkraut im Frühjahr so lange wachsen, bis es kurz vor der Blüte steht. Es ist sehr wichtig, dass die Unkräuter noch nicht blühen, sonst geht der Schuss nach hinten los und man sät neues Unkraut in riesigen Mengen aus.
Kurz vor der Blüte wird das Unkraut also abgeschnitten und als Mulchpolster über das Beet gestreut. Die Wurzelstücke kann man ausreißen und entsorgen, aber bitte nicht auf den Kompost, sonst vermehren sich die Pflanzen dort munter weiter. Darüber lege ich (noch nicht erblühte junge) Brennnesselstauden. Dies sorgt für eine besonders nahrhafte Mulchdecke, die auch wesentlich zur Gesunderhaltung des Bodens beiträgt.

Wespen mit Düften vertreiben

Des einen Freud ist des anderen Leid – so ist es auch im Garten. Während sich unsere Nasen am Duft von Pfefferminze, Lavendel oder dem würzigen Aroma des Knoblauchs erfreuen, treiben diese Gerüche Insekten in die Flucht. Wespen sind für viele ein Ärgernis im Garten. Töten sollte man sie jedoch auf keinen Fall, denn sie sind sehr nützlich. Auf der Suche nach Nektar, Pflanzensaft und Honigtau beteiligen sich die Königinnen im Frühjahr an der Blütenbestäubung. Die Arbeiterinnen halten im Sommer die Hygiene im Garten aufrecht, indem sie Tier- und Fruchtreste vertilgen. Wer dennoch verhindern will, dass sich ein Wespenstaat im Garten ansiedelt, hängt frisch angeschnittene Knoblauchzehen in der Nähe des Nesteingangs auf.

Baumdoktor Kamille

Um meine Obstbäume herum pflanze ich seit vielen Jahren schon Kamille. Das schreckt wirkungsvoll Ameisen ab, deren Straßen sonst immer bis in die Bäume hineinführen. Die Kamille scheint eine Barriere zu bilden, die die Ameisen aufgrund des intensiven Eigengeruches nicht überwinden. Auf den Bäumen pflegten die Ameisen bisher die Blattläuse, die sich immens vermehrten. Da jetzt die Ameisen von den Bäumen fernbleiben, sind auch die Blattläuse viel weniger geworden. Bei meiner Nachbarin hat die Kamillenbepflanzung sogar gegen die Blattkräuselkrankheit ihrer Pfirsichbäume geholfen.

Tagetes – Wellness für magere Böden

Bei magerem Boden können die Wurzelabsonderungen von Tagetes Wunder wirken. Diese Pflanzen besitzen Inhaltsstoffe, die den Boden verbessern und bereichern. Meine Kräuter wachsen so zu beachtlichen Exemplaren heran.

Tagetes werden auch Studentenblumen genannt. Sie verbessern auf ganz natürliche Weise den Gartenboden – und fördern das Wachstum von Kräutern.

Schmetterlingsnahrung Brennnessel

Einige Brennnesseln sollten im Garten belassen werden, da sie Schmetterlingsraupen wertvolle Nahrung bieten.

Geheimtipp Mottenkugel

Vor einigen Jahren stellte ich eines Sommers fest, dass sich die Blätter meiner Stachel- und Johannisbeeren einrollten, die Früchte verdorrten und fielen ab. Unser Nachbar riet mir, die befallenen Blätter zu entfernen und handelsübliche Mottenkugeln (aus Naturmaterialien mit Duftstoffen) an den Ästen anzubringen. Gesagt, getan – unsere Fruchtsträucher sahen zwar etwas komisch aus, aber es funktionierte. Nach einigen Wochen trieben sowohl Johannis- als auch Stachelbeere neu aus, und die Blätter rollten sich nicht mehr ein. Seit diesem Erlebnis hänge ich jeden Frühling, bevor meine Sträucher austreiben, Mottenkugeln auf.

So gedeihen Ihre Rosen

Legen Sie ins Pflanzloch einige Blätter Beinwell. Die Stauden wurzeln schneller an und haben jede Menge hervorragenden Gründung für den Start.

Magermilchbrühe

Sie hilft vorbeugend gegen Pilzkrankheiten speziell bei Tomaten. **Zubereitung:** $^1/_2$ Liter Magermilch mit 2 Liter Wasser gut vermischen und 1-mal wöchentlich gegen Blattfleckenkrankheit und Krautfäule spritzen.

Wermut ist nicht nur für uns Menschen ein Bitterkraut, es vertreibt auch wirkungsvoll Blattläuse.

Wermut-Tee

Der bittere Geschmack des Wermuts vertreibt Raupen, Läuse und Milben.
Zubereitung: 30 g getrocknetes oder 300 g frisches Wermutkraut mit kochendem Wasser überbrühen, 10–15 Minuten ziehen lassen und auf 10 Liter auffüllen. Während der Frühlingswochen sollte der Wermut-Tee unverdünnt ausgebracht werden, im Sommer reicht eine Verdünnung von 1:2.

Olivenöl-Lösung

Blattläuse lassen im Frühling nicht lange auf sich warten. Im Mittelmeerraum hat man dagegen ein einfaches Hausmittel. Wie viele handelsübliche Pflanzenschutzmittel überzieht es die Tiere mit einem Ölfilm und unterbindet so die Atmung. In Italien verwendet man hierzu – wie könnte es anders sein – Olivenöl.
Zubereitung: Damit sich 20 g – etwa 3–4 EL Öl – in 1 Liter Wasser lösen, wird die Mischung auf 30–35 °C erwärmt und mit einem Mixer kräftig durchgequirlt. Füllen Sie immer nur kleine Portionen in die Sprühflasche, mit der Sie befallene Pflanzen sofort einsprühen können, bevor das Öl wieder ausflockt. Verwenden Sie dieses Hausmittel nur bei glattblättrigen Pflanzen wie Olive, Lorbeer oder Palmen und testen Sie die Verträglichkeit an einzelnen Blättern.

Erste Hilfe für Rosen

- Wenn es im Mai viel regnet, werden Rosen, speziell die etwas empfindlicheren Duftrosen, häufig vom Pilz befallen. Dem kann man durch eine Spritzung mit Schachtelhalm-Absud vorbeugen.
- 1-mal im Monat mit dem Absud behandelt, freuen sich die Königinnen des Gartens auch über eine Extragabe reifen Kompost, der mit einigen frischen (!) Blättern Beinwell und Rainfarn verfeinert wird.

Kampf der Blattlaus

Sicherlich kennen Sie diese Situation: Mit viel Liebe baut man Kräuter, Blumen und Gemüse an, alles wächst und blüht wunderschön – bis die Blattläuse Ihr Paradies entdecken. Geraten Sie deshalb nicht gleich in Panik. Es gibt keinen Garten, in dem nicht jedes Jahr irgendwelche Missgeschicke oder solche kleineren Katastrophen passieren. Unsere Natur ist sehr lebendig und aus diesem Grund auch unberechenbar. Sie geht ihrer Wege, ohne sich um die Wünsche und Bedürfnisse des Gärtners zu kümmern. Schließlich hat sie nicht nur für uns Menschen, sondern für viele Geschöpfe zu sorgen. Die Vermehrung der Läuse ist der »großen Mutter Natur« aus diesem Grund wichtig. Wovon sonst sollten die kleinen Vögel und die zahlreichen Larven der **Marienkäfer** satt werden? Nur muss der Gärtner eben zusehen, wie er damit zurechtkommt. Natürlich gibt es Fälle, in denen sich Ameisen und all das andere Ungeziefer so rasant vermehren, dass man schnellstens

Marienkäfer sind attraktive Nützlinge, die Blattläusen den Garaus machen.

etwas unternehmen muss, um nicht die ganze Ernte abzuschreiben. Und tatsächlich gibt es viele günstige Lösungen für das Blattlausproblem.

- In erster Linie soll man darauf achten, keine **Ameisen** im Blumenbeet zu haben. Denn dort beginnt das Übel. Ameisen pflegen und züchten Blattläuse regelrecht, um dann die sogenannte Blattlausmilch für ihren Nachwuchs zu »ernten«. Wenn Sie das Ameisenproblem im Griff haben, werden sich auch keine Unmengen von Blattläusen ansiedeln.
- Pflanzen, mit einem Gemisch aus 1 Teil Milch und 2 Teilen Wasser besprengt, vertreiben Blattläuse.
- Von Blattläusen befallene Rosen bespritzt man mit einer Lösung aus in heißem Wasser gesiedeten Tabakresten. Damit die befallenen Triebe bespritzen.
- Tabakasche sammeln und auf Pflanzen streuen, die von Blattläusen befallen sind.
- Befallene Kräuter mit Seifenwasser besprühen; das hält Schädlinge wie Blattläuse fern bzw. jagt sie in die Flucht.
- Zwischen Kartoffeln gesetzte Kapuzinerkresse hält Läuse von der Nutzpflanze ab.
- Knoblauchzehen zwischen Blumen und Sträucher pflanzen, und fertig ist eine wunderbare Ameisen- und Blattlausabwehr, denn wo keine Ameisen sind, sind auch keine Blattläuse. Die Blumen und Sträucher nehmen über die Wurzeln die Duftstoffe des Knoblauches auf – aber keine Angst, Ihre Kräuter und Blumen schmecken hinterher nicht nach Knoblauch. Wenn Sie darauf achten, dass der Knoblauch nicht erblüht, haben Sie auch keinen Knoblauchgeruch im Garten.

Gegen gefräßige Schnecken

- Nacktschnecken kann man von Gartenbeeten fernhalten, wenn man einen Streifen Löschkalk um das Beet ausstreut.
- Will man Schnecken von Gartenbeeten wirksam fernhalten, streue man um das Beet Gerstenstreu. Über die stacheligen Gerstengrannen kriechen die Schnecken nicht.
- Erfolgreich hilft auch, wenn man Kaffeesatz unter den Pflanzen auslegt.
- Omas Spezial-Schneckenrezept: Man legt Rhabarberblätter oder nasse Bretter auf den Boden oder Rasen. Täglich sammelt man die darunter angesiedelten Schnecken und entsorgt sie.

Rote Käfer am Schnittlauch

Bei diesen Käfern handelt es sich um die sogenannten Lilienhähnchen, die ihre schleimigen Eier direkt in die Schnittlauchröhrchen legen. Ist ein Schnittlauchstock einmal befallen, gibt es keine andere Alternative als ihn zu vernichten – aber bitte nicht am Kompost entsorgen, denn dies wäre für die Lilienhähnchen ein hervorragender Ort, um sich weiter zu vermehren. Wenn Sie den Stock abgeschnitten und alle verbleibenden Käfer abgesammelt haben, streuen Sie rund um die Pflanze großzügig ganz einfachen Kaffeesatz vom letzten Frühstückskaffee – wirkt super!

Man sagt, dass Schnecken auf Kartoffelschalen »fliegen«... Sammeln Sie also die Kartoffelschalen auf einem Tuch oder Papier und legen sie im Garten aus.

Schönheit und Wohlbefinden

Kräuter- und Früchtetees für jede Lebenslage

Frühlingstees, die die Sinne wecken

Wen nach den langen Wintertagen die Frühjahrsmüdigkeit plagt, der kann ganz einfach Kräutertees selbst herstellen, um den Körper und die Sinne zu wecken.
Sollten Sie Lust und Laune haben, die Kräuter selbst zu sammeln, möchte ich unbedingt darauf hinweisen, dass es unabdingbar ist, die gesammelten Kräuter sehr gut zu kennen. Nur dann kann der Tee seine vorgesehene Wirkung zeigen.

Frischkräutertee

Noch aromatischer als Tee aus Trockenkräutern schmeckt ein aus frisch gepflückten Kräutern hergestellter. Dafür eignen sich generell alle Kräuter. Als Faustregel gilt: Sie benötigen die doppelte Menge frischer Kräuter im Vergleich zu getrockneten Kräutern. Der Vorteil getrockneter Bestandteile liegt lediglich darin, dass monatelange Haltbarkeit bei gleichbleibender Qualität gegeben ist.

Früchtetee gegen Frühjahrsmüdigkeit

Bringt Sie in Schwung!
Zutaten:
10 g Hibiskusblüten
20 g Hagebuttenschalen
20 g Apfelstücke
20 g Schlehenfrüchte
10 g Korinthen
10 g Holunderbeeren
20 g Himbeerstückchen
1 EL pro Tasse, 3–5 Minuten ziehen lassen.

Frühlingstee

Zutaten:
20 g Erdbeerblätter
30 g Apfelstücke mit Schale
30 g Hagebuttenschalen
10 g Hibiskusblüten
20 g Orangenschalen
10 g Lindenblüten
1 EL pro Tasse, 5–7 Minuten ziehen lassen.

Kräutergartentee

Zutaten:
20 g Erdbeerblätter
20 g Zitronenmelisse
10 g Pfefferminze
10 g Kamillenblüten
10 g Johanniskraut
20 g Orangenblüten
20 g Rosenblüten
5 g Lavendelblüten
1 EL pro Tasse, 3–5 Minuten ziehen lassen.

Osterhasentee

Für große und kleine zweibeinige Osterhasen.
20 g Hagebutten
10 g Hibiskus
20 g Apfelstücke
10 g Jasminblüten
10 g Sonnenblumenblüten
1 EL pro Tasse, 3–5 Minuten ziehen lassen.

»Schlanke Mischung«

Unterstützt die Frühjahrskur.
Zutaten:
10 g Anis
20 g Basilikum
20 g Brennnesselblätter
10 g Heidekraut
20 g Melisse
1 EL pro Tasse, 5–7 Minuten ziehen lassen.

Tees zu besonderen Gelegenheiten

Probieren Sie einen Kräutertee aus Frischkräutern. Sie schmecken sehr viel aromatischer als die getrocknete Variante.

Morgenmuffel-Kräutertee

Geben Sie schlechter Laune keine Chance.

Zutaten:
20 g Rotbuschtee
10 g Verbenenkraut
10 g Lemongrass
10 g Brombeerblätter
10 g Melissenblätter
5 g Sonnenblumenblüten
5 g Süßholzwurzel
3 g Kornblumenblüten
1 EL pro Tasse, 7–10 Minuten ziehen lassen.

Erfrischungstee

Dieser Tee schmeckt auch kalt getrunken und mit einer Scheibe Zitrone dekoriert hervorragend.

Zutaten:
5 g Brombeerblätter
5 g Himbeerblätter
3 g Hibiscusblüten
10 g getrocknete Apfelstücke
10 g Melissenblätter
5 g Ringelblumenblüten
10 g Hagebutten
5 g Sonnenblumenblüten
5 g Malvenblüten
1 EL pro Tasse, 7–10 Minuten ziehen lassen.

Klarer-Kopf-Kräutertee

Hilft hervorragend bei wetterfühligen Kopfschmerzen.

Zutaten:
10 g Eisenkraut
5 g Fenchel
5 g Lavendelblüten
10 g Zitronenmelisse
5 g Rosmarin
5 g Weidenrinde
1 EL pro Tasse, 3–5 Minuten ziehen lassen.

Trübsal-ade-Kräutertee

Wenn es Ihnen einmal nicht so gut geht …

Zutaten:
10 g Zitronenmelisse
3 g Zitronenverbene
3 g Lavendelblüten
5 g Rosenblüten
3 g Fenchelsamen
3 g Rosmarin
5 g Johanniskraut
2 g Ringelblumenblüten
1 EL pro Tasse, 5–7 Minuten ziehen lassen.

Tee gegen Reiseübelkeit

So macht Reisen Spaß und der Weg in den Urlaub wird nicht zur Qual!

Zutaten:
20 g Pfefferminze
10 g Rosmarin
5 g Lavendelblüten
10 g Rosenblüten
20 g Melisseblätter
10 g Katzenminze
1 EL pro Tasse, 3–5 Minuten ziehen lassen.

Hilfreiche Frauentees

Frauen-Vital-Gewürztee

(nach Hildegard von Bingen)
Diese Teemischung ist ein wahrer Energiespender, der ausschließlich wohltuende Frauenkräuter enthält. Täglich 2 Tassen trinken.

Zutaten:
10 g Zimt, gestoßen
10 g Orangenschalen
10 g Nelken
5 g Ingwer (der wunderbar wärmend wirkt!)
5 g Kardamom
10 g Süßholzwurzel
10 g Fenchel
5 g Angelikawurzel
5 g Löwenzahnwurzel
5 g Wacholderbeeren
5 g schwarzer Pfeffer gestoßen
1 TL pro Tasse, 5–7 Minuten ziehen lassen.

Energietee – speziell für Frauen

Diese Teemischung bringt Sie nicht nur in Schwung, sie wirkt auch wunderbar auf den Stoffwechsel. Jeden Morgen 1–2 Tassen trinken.

Zutaten:
Zu gleichen Teilen werden gemischt:
Himbeer- und Brombeerblätter
Zitronenmelisse
Pfefferminze, Hagebutte
klein geschnittene, getrocknete Apfelstücke
1 EL pro Tasse, 3–5 Minuten ziehen lassen.

Fastentee

Dieser appetithemmende Tee wirkt am besten, wenn man ihn lauwarm ca. eine halbe Stunde vor jedem Essen trinkt.

Zutaten:
Zu gleichen Teilen gemischt:
Himbeerblätter
Lindenblüten
Holunderblüten
Milde Minze
Birkenblätter
Heidekraut
1 EL pro Tasse, 5–7 Minuten ziehen lassen.

Gute-Laune-Kräutertee

Vertreiben Sie den Blues!

Zutaten:
Zu gleichen Teilen gemischt:
Melisse
Himbeerblätter
Erdbeerblätter
Brombeerblätter
Apfelminze
Ringelblumen
Kornblumenblüten
1 EL pro Tasse, 3–5 Minuten ziehen lassen.

Wechseljahre-Wohlfühltee

Für alle reiferen Frauen!

Zutaten:
20 g Brennnesselblätter
20 g Kamillenblüten
20 g Frauenmantelkraut
10 g Salbeiblätter
10 g Schafgarbenkraut
5 g Rosmarin
5 g Wermut
1 EL pro Tasse, 3–5 Minuten ziehen lassen.

Stilltee

Diese Teemischung hilft erstklassig, wenn Ihr Baby Probleme mit Verdauung und Blähungen hat.

Zutaten:
10 g Brennnesselblätter
20 g Zitronenmelisse
10 g Kümmel
10 g Anis
10 g Fenchel
20 g Zitronenverbene
10 g Ringelblumenblüten
1 EL pro Tasse, 5 Minuten ziehen lassen.

Getrocknete Apfelschalen mit Hagebutten ergeben einen gesunden Früchtetee.

Babytees

Babytraumtee

Die Inhaltsstoffe von Melisse, Katzenminze und Kamille wirken wohltuend auf Ihr Baby und lassen es ruhiger schlafen.
Zutaten:
200 g Zitronenmelisse
200 g Katzenminze
100 g Echte Kamille
1 EL pro Tasse, 3–5 Minuten ziehen lassen.
Tee wie üblich kochen (1 EL Kräuter pro Tasse), abkühlen lassen und 1:1 mit Fruchtsaft oder abgekochtem Wasser gemischt evtl. leicht gesüßt ins Fläschchen füllen. Bei Babys bitte noch keinen Honig verwenden.

Tee gegen Blähungen bei Babys

Dieser Tee eignet sich auch hervorragend als Stilltee. Fenchelsamen und Kümmel bringen die Verdauung in Schwung. Melisse und Kamille beruhigen.
Zutaten:
1/2 TL Fenchelsamen (mit der Gabel leicht zerdrückt)
1/2 TL Kümmel
1/2 TL Zitronenmelisse
1/2 TL Kamillenblüten
Die angegebene Menge reicht für 1 Liter Wasser. Auch hier wird der fertige Tee 1:1 mit Wasser verdünnt und leicht (besser gar nicht) gesüßt. 5–7 Minuten zugedeckt ziehen lassen.

Cremes, Salben, Öle und Masken

Handcremes

Holunderblüten-Creme

Für geschmeidige Hände.
Zutaten:
70 g Holunderblüten
300 ml Olivenöl
50 g Bienenwachs
10 g Wollfett (Lanolin)

Zubereitung: Die Holunderblüten mit dem Olivenöl übergießen und über Nacht ziehen lassen. Am nächsten Tag schwach erhitzen und 30 Minuten lang zugedeckt köcheln lassen. Durch ein Sieb sauber abfiltern und wieder auf den Herd stellen. Das Bienenwachs und das Lanolin langsam im warmen (nicht heißen) Öl schmelzen lassen. In saubere Tiegel füllen.

Kartoffel-Balsam mit Lanolin

Zutaten:
15 g naturreines Wollfett aus der Apotheke (Lanolin)
6 g ungebleichtes Bienenwachs
5 g Palmfett oder besser Kakaobutter
25 g Kartoffel-Ölauszug
35 g destilliertes Wasser

Naturkosmetik selbst herzustellen ist einen Versuch wert.

Zubereitung: Wollfett, Bienenwachs, Palmfett und der Kartoffel-Ölauszug werden in einem feuerfesten Topf geschmolzen – bitte darauf achten, dass es nicht zu heiß wird. Inzwischen das destillierte Wasser ebenfalls etwas erwärmen (max. 60 °C) und in die Fettbasis einrühren.
Etwas erkalten lassen und in saubere Cremetiegel abfüllen. Fertig ist eine hochwirksame und wunderbare Hand-Nährcreme, die kühl gelagert bis zu 1 Jahr haltbar ist. Der Kartoffel-Balsam ist ein uraltes »Geheimrezept« gegen trockene und rissige »Arbeitshände«. Am besten am Abend vor dem Zubettgehen dick eincremen. Der Balsam zieht sofort ein und kann so über Nacht richtig nachwirken.

Schafgarben-Creme

Gegen raue und rissige Hände.
Zutaten:
18 g Bienenwachs
50 g Wollfett (Lanolin)
130 ml Schafgarbenöl*)
7 g Bienenhonig
120 ml destilliertes Wasser oder Rosenwasser
1 Tropfen Propolis

Zubereitung: Bienenwachs und Wollfett im Schafgarbenöl langsam und bei geringer Hitze schmelzen. Den Bienenhonig unterrühren und anschließend langsam und unter kräftigem Rühren das destillierte Wasser und Propolis untermengen. Ca. 2 Minuten kräftig rühren, damit sich die Fettbasis mit dem Wasser gut verbindet. Anschließend in saubere Tiegel abfüllen und kühl lagern.
*) für den Schafgarten-Ölauszug wird 1 Handvoll Schafgarbenkraut (Blüten, Blätter und Stängel) für 4 Wochen in 250 ml feinstem Olivenöl angesetzt. Täglich durchschütteln, nach der Ruhezeit abfiltern.

Zwiebel-Handcreme

Die Zwiebelhandcreme verleiht Ihren Händen einen weichen, seidigen Glanz. Sie riecht überhaupt nicht nach Zwiebeln. Zusätzlich sorgt das Rosmarinöl für eine bessere Durchblutung Ihrer Hände.
Zutaten:
2 EL fein geschnittene Zwiebelstücke
200 ml gutes Pflanzenöl (am besten kalt gepresstes Sonnenblumen- oder Olivenöl)
30–40 g Bienenwachs
½ TL Propolis-Tinktur
3 Tropfen Rosmarinöl

Zubereitung: Zwiebelstücke langsam in Pflanzenöl erhitzen. Bitte unbedingt darauf achten, dass das Öl nicht zu heiß wird. Sobald sich kleine Bläschen bilden, von der Kochstelle nehmen und über Nacht stehen lassen. Am nächsten Tag erneut erhitzen und anschließend sauber durch einen Kaffeefilter abfiltern. Bienenwachs beimengen und langsam schmelzen lassen. Dabei häufig umrühren. Bevor die Masse fest wird, Propolis-Tinktur und Rosmarinöl einrühren. In kleine Töpfchen abfüllen.

Gesichtspflege aus dem Kräutergarten

Gurken-Pflegecreme

Hautstraffend und reinigend.
Zutaten:
2 g Kakaobutter
1 EL Wollfett (Lanolin)
35 g Ringelblumenöl
30 g destilliertes Wasser
30 g Saft einer frischen Gurke
1 Tropfen 100 % reines ätherisches Öl nach Wunsch

Zubereitung: Kakaobutter, Wollfett und Ringelblumenöl werden nicht zu heiß geschmolzen. Das destillierte Wasser unter ständigem Rühren untermischen, ebenso den Gurkensaft und das ätherische Öl. Rühren, bis die Crememasse etwas erkaltet ist.
In Cremetiegel abfüllen – fertig ist eine wunderbare naturreine hautstraffende, porenreinigende Gesichtscreme, die gekühlt aufbewahrt einige Monate lang haltbar ist.

Kiefer- oder Fichtenwipfel-Pflegecreme

Bei trockener, matter Haut.
Zutaten:
500 g Kiefer- oder Fichtenwipfel
500 ml Weingeist
500 ml Weizenkeimöl
30 g Bienenwachs

Zubereitung: Die Nadelbaumwipfel werden in ein Weithalsglas gefüllt und mit dem Alkohol aufgegossen. Gut verschließen und für 10 Tage an einen hellen Ort, z. B. auf die Fensterbank, stellen. Täglich gut durchschütteln. Nach 10 Tagen wird die fertige Tinktur durch einen Kaffeefilter abgeseiht. Das Öl leicht erwärmen, Bienenwachs darin schmelzen, Tinktur unter kräftigem Rühren untermischen und in saubere Tiegel füllen. Diese Creme fördert die Durchblutung der Gesichtshaut, speziell bei trockener Haut, und verleiht einen rosig seidigen Teint.

Petersilien-Antifaltencreme

Zutaten:
70 g Wollwachs
40 g Bienenwachs
150 ml Ringelblumenöl
150 ml Petersiliensud

Eine Creme aus frischer Petersilie ist gut gegen Falten.

Zubereitung: Wollwachs und Bienenwachs langsam im Wasserbad schmelzen – bitte auf keinen Fall zu heiß werden lassen. Dann das Ringelblumenöl vorsichtig unterrühren. Etwas abkühlen lassen, den Petersiliensud dazugeben und mit einem Mixstab vorsichtig verrühren. Anschließend in saubere Tiegel füllen.

Pfirsich-Nährcreme

Eine Wohltat für jeden Hauttyp.
Zutaten:
500 g Fruchtfleisch (ohne Haut) von frischen, ungespritzten Pfirsichen
500 ml Olivenöl
25 g Bienenwachs
15 g Wollfett (Lanolin)
70 ml destilliertes Wasser

Zubereitung: Die Pfirsiche werden mit heißem Wasser kurz überbrüht und anschließend im kalten Wasser abgeschreckt. So lassen sie sich besser schälen. Nach dem Schälen im Mixer fein pürieren. Das Olivenöl, Bienenwachs und das Wollfett leicht erwärmen und das Pfirsichpüree einrühren. Solange die Fett-Pfirsich-Basis noch warm ist, durch ein ganz feines Sieb passieren. Nun unter kräftigem Rühren das destillierte Wasser einrühren, bis sich die Masse gut verbunden hat. In saubere Tiegel abfüllen und kühl lagern. Diese wunderbare Pflegecreme ist leider nur 2 Monate haltbar, darum in kleineren Mengen zubereiten und in maximal 30-ml-Tiegel abfüllen.

Für Gesundheit und Wohlbefinden

Petersilien-Reinigungsmilch

Für einen glatten, reinen Teint.
Zutaten:
10 g Bienenwachs
15 g Wollfett (Lanolin)
90 ml bestes Olivenöl
230 ml Petersilien-Tee
4 Tropfen Propolis

Zubereitung: Das Bienenwachs und das Wollfett im Olivenöl bei kleiner Hitze schmelzen lassen. Den Petersilien-Tee kräftig unterrühren. Nachdem die Masse auf ca. 30 °C abgekühlt ist, Propolis unterrühren. Diese wunderbare Reinigungsmilch ist schnell gemacht und tut Ihrer Haut besonders gut.

Belebendes Pflegegesichtswasser

Zutaten:
2 gehäufte EL getrocknete oder 4 EL frische Pfefferminzblätter
1/2 Liter Wasser
1/2 Liter Apfelessig
4 EL destilliertes Wasser

Zubereitung: Die Pfefferminze 2 Minuten lang zugedeckt kochen, abseihen und den »Tee« mit dem Apfelessig vermischen. Nach 2 Ruhetagen, in dem die Heilkräfte ausgezogen werden, strecken Sie das Ganze mit destilliertem Wasser. Täglich 2-mal anwenden!

Kartoffel-Gesichtspackung

Zutaten:
6 EL gekochter Kartoffelbrei
2 EL Olivenöl
1 Spritzer Zitronensaft
1 EL Bienenhonig
2 EL Schlagsahne

Zubereitung: Kartoffelbrei mit Olivenöl und Zitronensaft, der zusätzlich klärend wirkt, vermischen. Bienenhonig und Sahne beimengen, damit eine geschmeidige weiche Masse entsteht. Diese Masse streichen Sie mit einem Pinsel auf die Hautfalten in Gesicht und Dekolleté und lassen sie eine halbe Stunde lang einwirken.
Ein wahrer Genuss für gestresste Hautpartien.

Augenfältchenöl

Zutaten:
10 g Kakaobutter
10 g Lanolin
50 g Distelöl
3 Tropfen Melissenöl

Zubereitung: Alle Zutaten bis auf das Melissenöl werden in einem Wasserbad geschmolzen – bitte achten Sie darauf, dass die Öl-Mischung nicht zu heiß wird. Wenn das Öl handwarm abgekühlt ist, das Melissenöl dazugeben. In saubere Tiegel füllen und täglich 2-mal anwenden. Dieses Öl, das in der Augenumgebung angewendet wird, strafft die Haut und macht sie geschmeidig.

Aus dem Saft frischer Zitronen können Sie sich ganz einfach wunderbare Naturkosmetik zaubern.

Zauberfrucht Zitrone

- Falten, Hautflecken, Sommersprossen, Warzen, Hühneraugen und müde Füße sind kein Problem. Einfach mit einer halbierten Zitrone einreiben oder Zitronenscheiben auf die betroffenen Partien auflegen. Rissige Ellenbogen? Stützen Sie sie in ausgepresste Zitronenhälften. Selbst rissige Hände werden glatt, wenn man sie mit Zitronenschalen abreibt.
- Ziehen Sie die Schalen zweier unbehandelter Zitronen hauchdünn ab und legen diese mindestens 2 Wochen lang in Weinessig. Massieren Sie damit Ihre müden Füße oder reiben Sie sich nach dem Bad ein. Das macht munter – und keine Angst: Der Essigduft verflüchtigt sich beim Einmassieren.
- Zitronensaft ist auch ein Geheimrezept gegen Mundgeruch. Etwas Zitronensaft ins Gurgelwasser und 3-mal täglich spülen. Gelbe Zähne? Kein Problem für die Zitrone. Reiben Sie die Zähne kräftig mit der weißen Innenseite der Schalen ab.

Zitronen-Kur gegen Pickel und Mitesser

Zutaten:
1 ungespritzte Zitrone
2 EL Olivenöl

Zubereitung: Zitrone heiß waschen, abtrocknen und die Schale fein reiben. Die Schalenstückchen 2 Tage an einem warmen, luftigen Ort (nicht in der prallen Sonne!) trocknen lassen. Danach mit Olivenöl eine Paste herstellen, die kreisförmig im Gesicht einmassiert wird. Die Gesichtshaut darf sich leicht röten – das fördert zusätzlich die Durchblutung.

Gegen Akne

Tipp für alle aknegeplagten Teenager: Bei hartnäckigen Mitessern die Haut über einen Zeitraum von 4 Wochen täglich mit einer halbierten rohen Kartoffel abreiben und mit lauwarmem Wasser spülen.

Teenager-Antipickelcreme

Zutaten:
50 g Zinkpaste
2 TL Heilerde
4 Tropfen Thymian-Ölauszug
2 Tropfen Propolis-Tinktur

Die wertvolle Basis für diese Creme ist die »Pasta zinci mollis«, eine Zinkpaste, die man in jeder Apotheke erhält.

Johanniskrautöl ist ein uraltes Heilmittel.

Zubereitung: Zinkpaste im Wasserbad erwärmen, aber nicht zu heiß werden lassen. Ist die Salbengrundlage schön flüssig, mit einem Mixer oder Schneebesen Heilerde dazurühren. So lange rühren, bis sich die Salbengrundlage mit der Heilerde zu einer cremigen Substanz verbunden hat. Nun werden noch der Thymian-Ölauszug und Propolis-Tinktur beigemengt. 2-mal täglich, am besten morgens und abends, auf das gereinigte Gesicht auftragen.

Ringelblumen-Salbe

Die Wirkstoffe der Ringelblume in Form von Salben und Cremes kommen bei oberflächlichen Wunden und leichten Entzündungen voll zum Einsatz. Die antibakteriellen, entzündungshemmenden und wundheilenden Eigenschaften verhindern, dass sich Verletzungen und offene Wunden entzünden und eitern.

Zutaten:
für 3 Döschen von 50 g
etwa 30 Ringelblumenköpfe,
150 g Pflanzenöl, z. B. Sonnenblumenöl oder Rapsöl
20 g Bienenwachs

Zubereitung: Die frischen Ringelblumenköpfchen mit dem Öl und dem Bienenwachs unter Rühren erwärmen und langsam schmelzen. Durch ein Sieb sauber abseihen und gut auspressen. Nun in Döschen gießen, abkühlen lassen, verschließen und beschriften. Kühl ist die Salbe 8–12 Monate haltbar.

Eine Ringelblumen-Salbe ist ganz schnell und einfach hergestellt.

Johanniskrautcreme – die Heilende

Für leichte Verletzungen und leichte Verbrennungen sowie bei Sonnenbrand

Zutaten:
100 g Johanniskrautöl
10 g Bienenwachs
20 g Wollfett (Lanolin)

Zubereitung: Johanniskrautöl, Bienenwachs und Wollfett in einem

Propolis-Tinktur

Die Herstellung einer Propolis-Tinktur ist denkbar einfach. Füllen Sie in eine helle Flasche 1 EL fein gemahlenen Propolis und gießen Sie mit 250 ml Korn oder Obstler auf. Nach einer Reifezeit von 4 Wochen sauber abfiltern und in einer dunklen Flasche aufbewahren.

Topf zum Schmelzen bringen. Bitte darauf achten, dass die Zutaten nur schmelzen – also nicht zu heiß werden lassen. Vom Herd nehmen und etwas auskühlen lassen. In saubere Tiegel abfüllen.
Achtung: Wenn Sie Johanniskraut-Creme auf die Haut auftragen, bitte nicht zu lange in die pralle Sonne gehen. Johanniskraut erhöht die Lichtempfindlichkeit der Haut!

Belebendes Massageöl

Ideal gegen leichte Kreuzschmerzen
Zutaten:
10 EL getrocknete Rosmarinnadeln
250 ml Johanniskrautöl
1 EL Honig

Zubereitung: Alle Zutaten werden in eine helle Weithalsflasche gefüllt und für 4 Wochen an einem hellen Ort zum Reifen stehen gelassen – täglich gut durchschütteln. Nach der Reifezeit sauber durch einen Kaffeefilter abfiltern und in einem dunklen Fläschchen kühl (nicht im Kühlschrank!) aufbewahren.
In unserer Familie gibt es seit Generationen kein anderes Hausmittel gegen leichte Kreuzschmerzen als dieses Johanniskraut-Massageöl mit Rosmarin.
Wichtig ist nur, dass das Öl der Wirbelsäule entlang geradlinig und auf keinen Fall kreisförmig einmassiert wird. Täglich 1-mal reicht vollkommen (am besten abends), danach warm halten.

Seifen, Dusch- und Badezusätze

Egal ob duftende Seifen, cremige Duschbäder oder pflegende Badeöle – Sie können Ihre Badezusätze ganz einfach selbst herstellen. Auf den nächsten Seiten finden Sie konkrete und praktische Anleitungen für Ihre ganz eigene Pflegeserie, die Sie auch frei nach Ihren Wünschen abändern können. Glauben Sie mir: Naturkosmetik selber machen ist ein wunderschönes, faszinierendes und unheimlich kreatives Hobby.

Johanniskrautöl-Seife

Speziell für empfindliche Haut
Zutaten:
5 g Bienenwachs
300 ml destilliertes Wasser
300 g Kernseife
100 ml Johanniskrautöl

Zubereitung: Im Kochtopf das Wachs schmelzen, das erwärmte destillierte Wasser zugießen, kurz umrühren und weiter erwärmen,

Stellen Sie sich ganz einfach und schnell Ihre eigene Pflegeserie her.

bis es leicht siedet. Nach und nach die geschabten Seifenflocken unterrühren, bis eine dicke Brühe entstanden ist, und diese kurz aufkochen lassen. Das Johanniskrautöl zugießen, gut verrühren, vom Herd nehmen und abkühlen lassen. Wer es gerne bunt hat, kann dieser Seife einige getrocknete Johanniskrautblüten beimengen. Anschließend in Förmchen gießen oder ganz einfach Seifenkugeln formen.

Petersilienseife

Zutaten:
100 g naturreine Olivenölseife (Drogerie oder Reformhaus)
5 EL Petersilie
200 ml kochendes Wasser
1 EL Haferflocken

Zubereitung: Olivenölseife fein reiben. 5 EL Petersilie mit 200 ml kochendem Wasser übergießen und 15 Minuten ziehen lassen. Abseihen. Die Seife mit dem Petersilien-Tee im Wasserbad erwärmen, bis sie geschmolzen ist. Wenn die Masse dickflüssig geschmolzen ist, Haferflocken beimengen, die einen zarten Peelingeffekt haben. Fest durchkneten und auf Handwärme abkühlen lassen. Jetzt werden kleine Kugeln geformt, die nach 24 Stunden Trocknungsruhezeit fertig für den Gebrauch sind.
Diese besonders milde und klärende Seife eignet sich hervorragend zur Pflege von empfindlicher Haut, beugt Hautunreinheiten und übermäßiger Faltenbildung vor.

Weißdornseife

Zur Durchblutungsförderung
Zutaten:
250 g Olivenölseife
100 ml Tee aus 6 EL getrockneter Weißdornblüten
Saft einer halben Zitrone
3 EL Mandelöl
5 Tropfen ätherisches Öl von Minze oder Lavendel

Zubereitung: Die Olivenölseife fein reiben. Die Flocken mit dem Weißdorn-Tee und dem Zitronensaft erhitzen, bis sie weitgehend geschmolzen sind – danach wieder etwas abkühlen lassen. Das Mandelöl und die ätherischen Öle vorsichtig untermischen. Nun kann die Seife in Formen gegossen werden. Wichtig: Mit Frischhaltefolie abdecken, damit sich keine Risse bilden. Nach 24 Stunden aus der Form nehmen und in Seidenpapier wickeln und noch weitere 6 Wochen ruhen lassen.

Lavendelseife

Zutaten:
600ml Wasser
6 EL geraspelte Olivenölseife
5 EL Glyzerin
4 Tropfen Lavendelöl
evtl. blaue Lebensmittelfarbe

Zubereitung: Seife und Wasser in einem Wasserbad erhitzen, Glyzerin dazurühren, sobald die Seife geschmolzen ist. Diese Mischung aus dem Wasserbad herausnehmen, und das Lavendelöl und eventuell etwas Lebensmittelfarbe darunter mischen.
In kleine Förmchen oder Muscheln gießen, auskühlen und bei Bedarf aus der Form nehmen und zu handlichen Stücken schneiden.

Lavendelseife pflegt und belebt die Haut.

Badekräuter und Kräuterbäder

Kennen Sie das? Man streift durch einen Rosengarten, inhaliert das einmalige Aroma Englischer Duftrosen und verspürt förmlich das Verlangen, in diesem Duft zu baden.

Seit alters haben die Menschen die heilsame Wirkung nicht nur der duftenden Rosen, sondern einer Vielzahl von Heilkräutern zu nutzen verstanden und sich dadurch kräftig und gesund gemacht. Das tollste: Wenn Sie einmal aus Kräutern ein entspannendes Bad gezaubert haben, werden Sie sehen, man braucht die künstlich erzeugten Badzusätze, die in billigen Versionen ohnehin jede Wirkung vermissen lassen, eigentlich gar nicht.

Generell wird für Kräuterbäder ein starker Kräutertee (Aufguss) bereitet. Hierfür die in der Tabelle angegebene Kräutermenge mit

Badekräuter und ihre Wirkungen

Badekraut	Wirkung	Ansatz und Menge
Baldrian	Aufguss von 250 g in 1 Liter Wasser auf ein Vollbad	wohltuende Wirkung auf die Nerven und bei Einschlafproblemen
Birkenblätter	Aufguss von 250–500 g in 2 Liter Wasser auf ein Vollbad	bei Gliederschmerzen und/oder Hautproblemen, fördert auch die Nierentätigkeit
Birkenrinde	Aufguss von 250 g in 1 Liter Wasser auf ein Vollbad	bei Gliederschmerzen
Brennnessel	Aufguss von 500 g in 2 Liter Wasser auf ein Vollbad	bei Hautproblemen
Ehrenpreis	Aufguss von 100–200 g in 1 Liter Wasser auf ein Vollbad	bei Hautproblemen
Eichenrinde	Aufguss von 250–500 g in 1–2 Liter Wasser auf ein Vollbad	allgemeine Stärkung und Kräftigung / bei Gliederschmerzen
Fichtennadeln	Aufguss von 500–2000 g in 2–5 Liter Wasser auf ein Vollbad	allgemeine Stärkung des Immunsystems und Kräftigung / bei Gliederschmerzen
Fichtenrinde	Aufguss von 500–1000 g in 2–3 Liter Wasser auf ein Vollbad	bei Gliederschmerzen und Hautunreinheiten
Haferstroh	Abkochung von 500–1000 g in 2–4 Liter Wasser auf ein Vollbad	bei Gliederschmerzen
Heublumen	Aufguss von 250–500 g in 2–3 Liter Wasser auf ein Vollbad	allgemeine Stärkung des Immunsystems und Kräftigung
Holunderblüten	Aufguss von 250 g in 1 Liter Wasser auf ein Vollbad	bei Gliederschmerzen und ins Erkältungsbad
Johanniskraut	Aufguss von 250 g in 2 Liter Wasser auf ein Vollbad	zur Entspannung und Aufheiterung
Kamille	Aufguss von 500–1000 g in 3–4 Liter Wasser auf ein Vollbad	bei Gliederschmerzen und bei Hautproblemen
Lavendel	Aufguss von 250–1000 g in 1–4 Liter Wasser auf ein Vollbad	wohltuende Wirkung auf das gesamte Nervensystem; allgemeine Stärkung und Kräftigung / bei Gliederschmerzen
Liebstöckelwurzel	Aufguss von 100–250 g in 1 Liter Wasser auf ein Vollbad	wohltuende Wirkung auf die Nerven

Badekraut	Wirkung	Ansatz und Menge
Lindenblüten	Aufguss von 500–1000 g in 3–4 Liter Wasser auf ein Vollbad	wohltuende Wirkung auf die Nerven
Majoran	Aufguss von 150–250 g in 2–3 Liter Wasser auf ein Vollbad	allgemeine Stärkung und Kräftigung / wohltuende Wirkung auf die Nerven
Melissenblätter	Aufguss von 150–500 g in 2–3 Liter Wasser auf ein Vollbad	allgemeine Stärkung und Kräftigung / wohltuende Wirkung auf die Nerven
Pfefferminze	Aufguss von 250–500 g in 2 Liter Wasser auf ein Vollbad	wohltuende Wirkung auf die Nerven
Rosmarin	Aufguss von 250 in 1 Liter Wasser auf ein Vollbad	bei Hautproblemen / wohltuende Wirkung auf die Nerven
Salbei	Aufguss von 500–1000 g in 3–4 Liter Wasser auf ein Vollbad	allgemeine Stärkung und Kräftigung / bei Gliederschmerzen
Schafgarbe	Aufguss von 250–1000 g in 2–3 Liter Wasser auf ein Vollbad	bei Gliederschmerzen
Schlüsselblume	Aufguss von 150–250 g in 1 Liter Wasser auf ein Vollbad	bei Hautproblemen
Storchschnabel	Aufguss von 150–200 g in 1 Liter Wasser auf ein Vollbad	allgemeine Stärkung und Kräftigung / bei Gliederschmerzen
Thymian	Aufguss von 250 g in 1 Liter Wasser auf ein Vollbad	bei Gliederschmerzen und/oder Hautproblemen
Wacholderbeeren	Aufguss von 100–200 g in 1 Liter Wasser auf ein Vollbad	bei Hautproblemen
Walnussblätter	Aufguss von 250–500 g in 2–3 Liter Wasser auf ein Vollbad	allgemeine Stärkung und Kräftigung
Weidenrinde	Aufguss von 125–250 g in 1–2 Liter Wasser auf ein Vollbad	allgemeine Stärkung und Kräftigung
Weizenkleie	Aufguss von 1000 g in 5 Liter Wasser auf ein Vollbad	bei Gliederschmerzen
Wurmfarnkraut	Aufguss von 250 g in 1–2 Liter Wasser auf ein Vollbad	bei Hautproblemen
Zinnkraut	Aufguss von 500–1000 g in 3–4 Liter Wasser auf ein Vollbad	bei Hautproblemen

dem Wasser aufkochen und 15–20 Minuten ziehen lassen. Danach sauber abfiltern und dem Badewasser zugeben. Um den Organismus, vor allem den Kreislauf, nicht unnötig zu strapazieren, sollte ein Vollbad maximal 20 Minuten dauern. Anschließend sollten Sie die Haut mit einem Hand- oder Badetuch ganz zart abrubbeln.

Und noch mehr Wohlfühltipps

- Man kann ein paar Spritzer Rosenwasser und frische Rosenblüten zusätzlich ins Badewasser geben.
- Für zarte Haut eignet sich hervorragend Molke. $^1/_2$ l Molke ins Badewasser geben – macht samtzarte Haut.
- Geschmeidige Haut bekommt man, wenn man in das Badewasser einen großen Becher warme Milch, gemischt mit 3 Esslöffel Honig, gibt.
- Eine Tasse Meersalz im Badewasser wirkt wie ein Ganzkörperpeeling.
- Weiche Haut bekommt man, wenn man einen Liter Milch und 3 Esslöffel Öl ins Badewasser gibt.

Holunder-Duschbad

Zutaten:
500 ml Holunderabsud (kräftiger Holunderblüten-Tee)
20 g Bienenhonig
200 g Silber- oder weiße Schmierseife
20 ml Apfelessig

Zubereitung: Im noch lauwarmen Holunderblütenabsud wird erst der Honig und danach die Silber- oder weiße Schmierseife unter vorsichtigem Rühren (damit nicht zu viel Schaum entsteht) aufgelöst. Nachdem sich eine klumpenfreie Flüssigkeit gebildet hat, den Essig langsam einlaufen lassen, nochmals vorsichtig umrühren und in dekorative Flaschen füllen.

Kräuter-Zauberbad

Nicht nur der Herbst ist die Zeit für ausgiebige wohlduftende Vollbäder, vielleicht mit Kerzenschein und einem guten Buch. Hierfür verrate ich Ihnen ein wunderbares Rezept, das die Haut besonders mild pflegt und außerdem eine dekorative Geschenkidee ist, denn die Flüssigkeit teilt sich in 2 Teile – oben die milchig weiße Seifenschicht und unten die etwas schwerere Ölschicht. Vor dem Gebrauch bitte aus diesem Grund gut durchschütteln. Das Badeöl eignet sich übrigens auch zum Duschen.

Zutaten:
200 g Silberseife oder naturreine Schmierseife (Drogerie)
200 ml destilliertes Wasser
200 g Ringelblumenöl
20 g Bienenhonig als Emulgator
20 ml Apfelessig
3 Tropfen ätherisches Öl nach Wunsch

Zubereitung: Die Schmier- oder Silberseife wird im destillierten Wasser unter öfterem Rühren aufgelöst. Bitte das Wasser auf keinen Fall zu heiß werden lassen, max. 40 °C (gerade noch handwarm). Alle Zutaten werden unter kräftigem Rühren gut vermischt und sofort in saubere Flaschen gefüllt.

Traummännlein-Einschlafbad

Zutaten:
je 150 g Hopfen-, Johanniskraut- und Weißdornblüten
1 Liter kochendes Wasser
3 EL Honig
5 Tropfen Rosenöl

Zubereitung: Hopfen-, Johanniskraut- und Weißdornblüten werden mit kochendem Wasser überbrüht, danach zugedeckt 20 Minuten ziehen lassen. Die etwas abgekühlte Abkochung mit Honig und Rosenöl ins Badewasser geben.

Zitronenbad – Erfrischung pur

Zutaten:
1/2 kg Zitronen (ungespritzt)
1/4 Liter Buttermilch oder Schlagsahne

Zubereitung: Früchte in Scheiben schneiden, mit kochendem Wasser übergießen und einige Stunden ziehen lassen. Dann geben Sie die Flüssigkeit mit Buttermilch oder Sahne ins Badewasser. Ein unvergleichlich erfrischender Badegenuss, der besonders gestresster Haut wohltut.

Sahnebad

Zutaten:
50 ml Schlagsahne
1 EL Olivenöl
1 TL Honig (als Emulgator)
einige Tropfen ätherisches Öl (z.B. Rosen- oder Lavendelduft)

Zubereitung: Olivenöl und Sahne gut verrühren. Mit dem Honig zu einer homogenen Masse rühren, denn so verbinden sich Öl und Sahne und es schwimmen keine »Fettaugen« im Badewasser Das ätherische Öl kann nach Belieben hinzugefügt werden, muss aber nicht.
Sahne und Öl pflegen die Haut und machen sie geschmeidig. Je nach Hauttyp erübrigt sich sogar das Eincremen nach dem Bad. Die ätherischen Öle können medizinische oder aber auch nur angenehme Wirkungen haben. Das kommt auf das Öl an.

Kräuterzauber fürs Haar

Brennnessel-Shampoo

Zutaten:

1 Handvoll frische, junge Brennnesselblätter
750 ml destilliertes Wasser
50 g Silber- oder Schmierseife
50 g Pottasche
50 ml Obstler oder Korn
3 Tropfen Propolis

Zubereitung: Die Brennnesselblätter werden mit dem kochenden Wasser übergossen und dürfen 2 Stunden zugedeckt ziehen. Schmierseife und Pottasche werden im warmen (nicht kochen!) Brennnesseltee geschmolzen bzw. aufgelöst. Unter kräftigem Rühren den Alkohol und die Propolis-Tropfen beimengen. Nochmals kräftig duchrühren und in saubere Flaschen abfüllen.
Dieses milde und qualitativ einzigartige Haarshampoo verleiht besonders dunklem Haar einen wunderbaren Glanz und macht das Haar füllig und kräftig. Die Inhaltsstoffe der Brennnessel tun außerdem der Kopfhaut gut, da sie durchblutungsfördernd wirken.

Spezial-Kamillen-Ei-Packung

Zutaten:

5 g Kamillenblüten
100 ml Weizenkeimöl
2 Eigelb

Zubereitung: Geben Sie die getrockneten Kamillenblüten in ein dunkles Gefäß und gießen Sie das Weizenkeimöl dazu. Lassen Sie das Ganze ca. 14 Tage an einem warmen Ort ziehen. Danach abseihen und das verbleibende Öl wieder in eine dunkle Flasche füllen. Nun mischen Sie 1 EL Ihres selbst hergestellten Kamillenöls mit 1 Eigelb, bei längerem Haar auch 2 Eigelben. Den Brei verteilen Sie großzügig auf den Spitzen der Haare und lassen die Haarkur unter einer Alufolienhaube 20 Minuten einwirken. Die Kur ist eine wahre Wohltat für Problemhaar. Die Kamille ist darüber hinaus ein natürlicher Aufheller, wirkt aber in so schwacher Konzentration kaum. Zu erwähnen ist auch die pflegende Wirkung auf die Kopfhaut

Rosmarin-Ei-Packung

Zutaten:

50 g Rosmarin
100 ml Olivenöl
2 Eigelb

Zubereitung: Die Herstellung wird genau wie bei der Kamille-Ei-Packung vorgenommen. Selbstverständlich können Sie statt des Olivenöls auch Weizenkeimöl oder ein

Die Rosmarin-Ei-Packung pflegt nicht nur das Haar, sie fördert auch die Durchblutung der Kopfhaut.

anderes hochwertiges Pflanzenöl Ihrer Wahl verwenden. Rosmarin zusammen mit Olivenöl verströmt einen wunderbaren Duft, der so richtig an Urlaub erinnert. Ganz egal, welches Öl Sie verwenden, für trockene, strapazierte Haare ist diese Behandlung bestens geeignet.

Lavendel-Haarspülung

Zutaten:
1 EL Lavendelblüten
¼ Liter kochendes Wasser

Zubereitung: Lavendelblüten mit kochendem Wasser überbrühen und 10 Minuten ziehen lassen, abseihen und ins letzte Spülwasser nach dem Haarewaschen geben. Nur anwenden, wenn Sie nicht blond sind, aber zu den Menschen gehören, die unter Schuppen oder leicht nachfettendem Haar leiden.

Zwiebel-Haartönung

Zutaten:
Zwiebelschalen
Wasser

Zubereitung: Übergießen Sie 50 g Zwiebelschalen mit 1 Tasse kaltem Wasser und erhitzen das Ganze in einem Kochtopf. 15 Minuten zugedeckt ziehen lassen. Danach den Sud abfiltern.
Massieren Sie dieses Gebräu mehrmals täglich in Ihre Haare, bis sie den gewünschten Braunton erreicht haben.

Haarwasser gegen Haarausfall

Zutaten:
1 große Zwiebel
50%iger Alkohol
Zubereitung: Für ein pflegendes Haarwasser gegen Haarausfall schälen Sie eine große Zwiebel (ob rot, gelb oder weiß, spielt keine Rolle), hacken diese fein, füllen sie in ein Gefäß und übergießen die Stückchen mit 50 %igem Alkohol aus der Apotheke. Lassen Sie das Ganze 1 Monat lang ziehen, bevor Sie abseihen, und massieren Sie das Haarwasser dann täglich in die Kopfhaut.

Haarwasser gegen Schuppen

Zutaten:
1 EL Brennnesselblätter
1 Tasse Obstessig

Zubereitung: Man übergießt die Brennnesselblätter mit dem kochenden Obstessig, lässt 20 Minuten ziehen und seiht ab. Nach dem Abkühlen kann das Haarwasser verwendet werden (bitte nur bei dunklem Haar).

Birken-Kräuter-Haarfestiger

Zutaten:
1 Handvoll Birkenblätter (getrocknet)
1 Handvoll Brennnesselblätter (getrocknet)
1 Handvoll Huflattichblätter (getrocknet)
1 Handvoll Eichenrinde (getrocknet)
10 ml Alkohol (95 %)
½ Liter Wasser

Zubereitung: Alle Zutaten in eine weithalsige Flasche füllen, gut verschließen und 5 Tage ziehen lassen. Bitte immer darauf achten, dass die Kräuter gut bedeckt sind. Anschließend abfiltern und in kleine Fläschchen füllen. Die Wirkung kann sich sehen lassen: Ihr Haar erhält Glanz und Griffigkeit.

Zitronen-Bier-Pflegepackung

Für wunderschön glänzendes und gesundes Haar
Zutaten:
2 Eigelb
½ Tasse Bier
Saft einer Zitrone

Zubereitung: Eigelbe mit dem Bier zu einem glatten Brei verrühren. Nun unter kräftigem Rühren die Zitrone dazugeben und 10 Minuten ziehen lassen. Anschließend verteilen Sie das Ganze im Haar. Besonders strapaziertes Haar mit brechenden Spitzen wird Ihnen eine regelmäßige Anwendung danken. Ihr Haar bekommt schon nach kürzester Zeit wieder neue Kraft.

Gewürzmischungen für die Küche

Fertiggewürze, die leider oftmals mit vielen Zusatzstoffen versehen sind, bekommt man heutzutage in jedem Supermarkt. Doch nirgends ist das Aroma so intensiv wie bei selbst angebauten Kräutern. Dies ist obendrein ganz einfach, da zahlreiche Kräuter in unseren Gebieten sehr gut und ohne viel Aufwand gedeihen. Manche Kräuter kommen sogar ohne jegliche Pflege aus. Selbst angebaute Kräuter und Gewürze stechen gekaufte hinsichtlich Aroma und natürlich auch Gesundheit allemal aus. Auf gekaufte Zutaten sollte man nur dann zurückgreifen, wenn man die Gewürze nicht im eigenen Garten anbauen kann, wie zum Beispiel Safran oder Muskat.
Nachfolgend einige Rezepte, die Ihre Kochkünste noch schmackhafter machen können.

Man unterschätzt oftmals die Würzkraft frischer Kräuter.

Italienische Kräuter-Mischung

Zutaten:
20 g Majoran
20 g Oregano
20 g Thymian
20 g Rosmarin
20 g Basilikum
20 g Bohnenkraut
10 g gemahlenen Paprika edelsüß
10 g Salbei

Passt hervorragend für Fleisch- und Fischgerichte, Geflügel, Pizzen, Spaghetti, Minestrone, Ravioli und und und …

Paella-Gewürz

Zutaten:
10 g fein gemahlener schwarzer Pfeffer
20 g fein gehackte und getrocknete Zwiebeln
10 g getrocknete Paprikaflocken
10 g Kurkuma
10 g Knoblauch, fein gehackt und getrocknet
40 g Meersalz
1 Faden Safran

Dieses köstliche Gewürz schmeckt nicht nur ausgezeichnet zu Paella, sondern zu allen Reisgerichten, Gegrilltem und zu vielen Nudelgerichten. So holen Sie sich Spanien in die Küche

Gulaschgewürz

Zutaten:
20 g Paprika edelsüß
20 g getrocknete Zwiebeln
je 5 g Pfeffer, Kümmel, Nelken
10 g getrockneter und fein gehackter Knoblauch
10 g Majoran

Wer es etwas schärfer mag, kann noch 1–2 Korn Chili beimengen.

Salatkräuter mit Bärlauch

Zutaten:
Je 10 g fein gehackter getrockneteter Bärlauch und Zwiebeln
1 EL Paprika edelsüß
10 g Oregano
10 g Petersilie
10 g Majoran

Speziell der Bärlauch verleiht dieser Kräutermischung das geschmackliche gewisse Etwas!

Brotkräuter

Zutaten:
Zu gleichen Teilen gemischt:
Petersilie, Brennnessel, Kamille, Liebstöckel, Koriander, Kümmel, Senfkörner, Anis, Fenchel, Schabziegerklee

Sie werden überrascht sein, wie lecker selbst gemachtes Brot mit meinen Brotkräutern schmeckt, 1 EL pro kg Brotteig reicht vollkommen.

Kräutersalz Al Arrabiata

Scharf-würzige Kräutermischung
Zutaten:
5 g gemahlene Chillies
20 g Knoblauch
20 g Oregano
20 g Rosmarin
20 g Thymian
100 g Meersalz

Zubereitung: Die Kräuter mit einem Mörser zermahlen, Meersalz dazugeben und nochmals kräftig durchmahlen, bis das Salz die Farbe der Gewürze annimmt. Schmeckt ausgezeichnet zu Gegrilltem, Nudelgerichten und Geflügel.

Mein köstliches 7-Kräuter-Salz ist ganz einfach selbst herzustellen.

7-Kräuter-Salz

Zutaten:
50 g Meersalz
20 g Bohnenkraut
20 g Kerbel
20 g Basilikum
20 g Liebstöckelkraut
20 g Rosmarinblätter
20 g Koriander
20 g Bärlauchkraut

Zubereitung: Alle Zutaten werden mit dem Mörser so lange gemahlen, bis das Salz die grüne Farbe der Kräuter angenommen hat.

Gute-Laune-Kräutersalz

Zutaten:
50 g Meersalz
10 g Paprika süß
10 g fein geschnittener Schnittlauch
10 Ysop
10 g Liebstöckel
10 g Petersilie
10 g Knoblauch
10 g Galgant

Enthält den köstlich würzigen Galgant, der seit dem Altertum als nervenberuhigend gilt.

Sonnenschein-Kräutersalz

Zutaten:
50 g Meersalz
10 g Curry
etwas Muskat
5 g Kardamom
2 g Sonnenblumenblüten
2 g Ringelblumenblütenblätter
einige Körnchen Chili
10 g Melisse
2 g Kornblumen
2 g Rosenblüten

Diese Kräutersalz-Mischung ist meine Flower-Power Spezialität mit köstlichem Blütenaroma.

Vital-Kräutersalz

3 Teile Brennnesselsamen und 1 Teil Meersalz werden mit dem Mörser so lange verrieben, bis das Salz die grünliche Färbung der Samen annimmt. Brennnesselsamen gelten als »Viagra« der Kräuterwelt; ich glaube, es bedarf keiner weiteren Erklärung ...

Essig, Pesto und Liköre aus dem Kräutergarten

Die meisten Gewürz- und Küchenkräuter wie Estragon, Dill, Pimpinelle, Zitronenmelisse, Basilikum und Minzearten eignen sich besonders gut für die Herstellung von Kräuteressig, einzeln oder gemischt, zusammen mit Lorbeerblättern oder auch Knoblauch und Zwiebeln. Ihrer Phantasie sind hierbei keine Grenzen gesetzt. Die Kräuter werden in einem Essig der Wahl etwa 10–14 Tage eingelegt. Zum Einlegen sind Schraubgläser besser geeignet als Flaschen. Die Kräuter lassen sich so mit einer sauberen Gabel leichter herausnehmen oder erneuern. Außer den herkömmlichen Kräuteressigen können Sie Raritäten wie Rosenblütenessig, Himbeeressig usw. herstellen. Essig mit blassblauer Farbe bekommen Sie durch Zugabe von Borretschblüten. Schnittlauchblüten geben mildem Weißweinessig einen dezenten Zwiebelgeschmack und eine leichte Rosafärbung.

Kräuter-Pesto

Für dieses Pesto können Sie Ihrem Kräutergeschmack freien Lauf lassen.

Zutaten:

100 g Frischkräuter (Oregano, Majoran, Rosmarin, Thymian, Petersilie ...)
8 g Kräutersalz
1/8 Liter hochwertiges Olivenöl

Zubereitung: Die Kräuter waschen, vorsichtig trocken tupfen und fein hacken. Mit Salz und Öl vermischen und in Gläser füllen. Wichtig ist, dass über den Kräutern ein sogenannter Ölsafe entsteht, also eine ca. 5 mm hohe Ölschicht, die die Kräutermischung frisch hält. Kühl lagern.

Italo-Kräuteressig

Zutaten:

1 Liter Rotweinessig
1 Blattstängel Rosmarin
1 Blattstängel Oregano
1 Blattstängel Majoran
1 Blattstängel Thymian

Zubereitung: Essig und Kräuter in eine verschließbare, klare Glasflasche füllen und 2 Wochen an einem hellen Ort reifen lassen. Danach abseihen und in die gesäuberte Flasche füllen. Als Dekoration Rosmarinstängel beigeben.

Würziger Salatessig für die deftige Küche

Zutaten:

2 Stängel Zitronenmelisse
1 TL Sesamsamen
1 TL Senfkörner
2 Knoblauchzehen
1 l Weinessig

Zubereitung: Kräuter, Sesamsamen, Senfkörner und abgezogene Knoblauchzehen in eine schöne Flasche geben, mit Essig auffüllen und die Flasche verschließen.

Kräuter-Essige und -öle bereichern jede Küche durch ihren wundervollen Geschmack.

Essig 2 Wochen an einem sonnigen Ort ziehen lassen.

Rosenblüten-Himbeer-Essig

Zutaten:
1 l Rotweinessig
2 EL frische Himbeeren
2 EL frische rote Rosenblüten
1 EL Himbeersirup
1 Rosmarinzweig

Zubereitung: Alle Zutaten werden in eine helle Flasche gefüllt und für 2 Wochen an einem hellen Ort reifen lassen. Danach sauber abfiltern und in dekorative Flaschen füllen.

Basilikum gibt in Form von Basilikum-Essig oder -Pesto seinen Geschmack weiter.

Löwenzahnblüten-Likör

Zutaten:
70 g Löwenzahnblütenblätter
1 (unbehandelte) Zitrone
150 g Weißer (Kandis)Zucker
0,70 l Kornbrand (40 vol %)

Zubereitung: Die Löwenzahnblüten sollten gerade aufgeblüht sein. Die gelben Blütenblätter von den Blütenkelchen sorgfältig abzupfen. Keine Blütenkelche oder andere grüne Bestandteile verwenden. Die Blütenblätter mit dem Zucker und dem Kornbrand in ein weithalsiges Glasgefäß (z. B. Schraubglas) geben. 24 Stunden an einem dunklen Ort bei Zimmertemperatur ruhen lassen. Den Saft der Zitrone auspressen. Zitrone schälen und danach die Schale sorgfältig von der weißen Innenhaut befreien und fein zerkleinern. Die zerkleinerte Zitronenschale sowie den ausgepressten Zitronensaft zu dem Blütenblätter/Kornbrandgemisch hinzugeben. Den Liköransatz an einem hellen Ort 4 Wochen reifen lassen. Danach durch ein feines Tuch oder Sieb abgießen und in eine mit heißem Wasser ausgespülte gut verschließbare Flasche abfüllen.

Rosenlikör

Zutaten:
Saft einer halben Zitrone
2 EL Duftrosenblüten
150 g weißen (Kandis-) Zucker
1 Vanilleschote
0,7 l Rosengeist

Zubereitung: Den Zucker unter Rühren mit dem Rosengeist und dem Zitronensaft und den restlichen Zutaten vermischen. 24 Stunden ruhen lassen. Danach in eine mit heißem Wasser ausgespülte gut verschließbare Flasche oder Karaffe abfüllen.

Likör-Rezepte werden oft über Generationen weitervererbt.

Für Schleckermäulchen

Sie lieben Leckereien und möchten versuchen, sich Ihre Lieblingsschokolade oder leckere Bonbons selbst herzustellen? Das geht ganz einfach, ohne großen Aufwand.
Viel Spaß – und lassen Sie Ihrer Fantasie freien Lauf für eigene Kreationen …

Kräuter-Schokolade

Casanova vertraute auf einen einfachen, aber wirkungsvollen Liebesgenuss: Vor seinen amourösen Eskapaden stärkte er sich mit heißer Schokolade. Inzwischen hat die Wissenschaft bestätigt, dass Kakao neben Koffein eine Substanz enthält, die im Menschen »freudige Erregung«, ein sogenanntes Glücksgefühl auslöst. Der Stoff Phenylethylamin ist auch im Körper vorhanden; das Gehirn bildet ihn, wenn man verliebt ist. Nach Ansicht der Forscher wird Phenylethylamin durch den Verzehr von Schokolade verstärkt. Weiter steigern lässt sich dieser Effekt durch die Zugabe von Vanille. Auch ihr wird von alters her eine aphrodisierende Wirkung nachgesagt. Betörend ist vor allem ihr intensiver Duft. Möglicherweise erzeugt vor allem er Erregung und Lust.

Zubereitung

Mit etwas Geduld ist die Bereitung seiner eigenen Schokolade sehr einfach. Die Kakaomasse wird bei mäßiger Hitze (am besten im Wasserbad) so lange gerührt, bis man eine dünnbreiige Masse enthält.
Dann mischt man den Zucker, der fein gepudert ist (Staubzucker), und die Gewürze oder sonstigen Zutaten, ebenfalls fein puverisiert, dazu. Das Ganze wird dann so lange gerührt, bis die Masse gleichmäßig und schön blank erscheint und glänzt. Das war auch schon der aufwendigste Teil.
Nun gibt man die Schokolade in die gewünschte Form, streicht mit einem Löffel ein wenig glatt und klopft sie so lange kräftig auf den Tisch, bis die Masse glatt in der Form verteilt und die Oberfläche völlig blank ist. Das macht man, damit alle Luftbläschen verschwinden. Dann werden die Formen an einen kühlen Ort gestellt, bis die Schokolade vollständig erkaltet ist. Durch leichtes Biegen der Form kann die Schokolade von dieser gelöst werden.
Da unsere Schokolade nur aus reinen Naturprodukten ohne Geschmacksverstärker und Konservierungsmittel besteht, ist sie nicht sehr lange haltbar und sollte bald verzehrt werden.
Was Sie natürlich auch brauchen, ist Kakaomasse, die aus den Kakaobohnen ohne weitere Zusätze gewonnene Schokoladenmasse. Sie ist meist in Tafeln geformt und im normalen Handel nur schwer erhältlich, aber in guten Konditoreien wird Kakaomasse zur Verfeinerung von Pralinen usw. verwendet. Hier kann man diese dann auch meistens beziehen.

Das ist sie, meine köstliche Gänseblümchen-Schokolade mit kandierten Gänseblümchenköpfchen.

Gänseblümchen-Schokolade

Zutaten:
250 g Kakaomasse
25 g Zucker
1 EL getrocknete Gänseblümchenköpfchen

Zubereitung: Schokoladenherstellung wie oben beschrieben. Vor dem Einfüllen der Schokolade in die Form werden am Formboden gleichmäßig die Gänseblümchenblütenköpfe verteilt.

Chili-Schokolade

Zutaten:
250 g Kakaomasse
25 g Zucker
8 g Chilipulver

Zubereitung: wie im Grundrezept beschrieben. Schmeckt lecker süß-scharf, zwei Geschmacksrichtungen, die sich hervorragend ergänzen.

Schokolade Oriental

Zutaten:
250 g Kakaomasse
18 g Zucker
2 g Kardamom
50 g Zimt
50 g Vanille, mit Zucker vermischt
1 g Muskatblüte

Zubereitung: wie im Grundrezept beschrieben. Diese Schokolade ist meine Lieblingssorte, denn sie schmeckt in der Tat wie aus 1001 Nacht.

Rosmarin-Zitronen-Schokolade

Zutaten:
250 g Kakaomasse
25 g Zucker
8 g fein gemahlener Rosmarin
5 ml naturreines Zitronenöl

Zubereitung: wie im Grundrezept beschrieben. Schmeckt lecker süß-scharf, zwei Geschmacksrichtungen, die sich hervorragend ergänzen.

Leckere Bonbons

Omas selbst gemachte Bonbons waren in meiner Kindheit immer ein großes Highlight. Es gab das ganze Jahr über leckere Fruchtsaftbonbons, Hustenzuckerl und andere Leckereien.

Zubereitung – die sieben Kochgrade

Die größte Rolle beim Bereiten der Bonbons spielt das Kochen des Zuckers. Hiervon hängt das Gelingen der Bonbons ab, daher ist es äußerst wichtig, die angegebenen Hinweise zu beachten.
Unter Zuckerkochen versteht man das Auflösen des Zuckers in Wasser unter ständigem Kochen. Während des Kochens verdunstet das Wasser, dadurch erhöht sich die Konzentration des Zuckers, bis er wieder kristallisiert und trocken wird. Der Zucker durchläuft bei diesem Verfahren mehrere Stadien. Man unterscheidet 7 Grade (hört sich kompliziert an, ist es aber nicht):

- **Erster Grad oder Breitlauf:** Er ist an der weißlichen starken Blasenbildung und dem breiten Lauf zu erkennen. Der Zucker fällt dabei als schwerer Klumpen, also nicht mehr sirupartig, vom Kochlöffel.
- **Zweiter Grad oder kleine Perle:** Hierbei bildet sich am gehobenen Kochlöffel ein langer Faden, der bald reißt und sich, als Perle verdickend, zurückzieht.
- **Dritter Grad oder große Perle:** Hierbei bildet sich am gehobenen Kochlöffel ein zäher, lang gezogener Faden, der nicht mehr reißt.
- **Vierter Grad oder schwacher Flug oder kleine Blase:** Bläst man gegen den Kochlöffel, so fliegen kleine Bläschen davon ab.
- **Fünfter Grad oder starker Flug oder große Blase:** Bläst man gegen den Kochlöffel, so fliegen große Blasen vom Kochlöffel ab.
- **Sechster Grad oder Bruch:** Ihn erkennt man daran, dass ein Tropfen Zucker in kaltes Wasser gegossen sofort erstarrt und sich glasartig brechen lässt. Löst sich die Masse im Wasser auf oder ist sie noch zäh, ist dieser Zustand noch nicht erreicht.
- **Siebter Grad oder Karamell:** Wenn der Zucker trocken ist, fängt er langsam an zu schmelzen und nimmt dabei eine bräunliche Färbung an. Nun ist es wichtig, gut zu rühren, sonst verbrennt der bereits flüssige Zucker, während sich der andere nicht löst. Kocht man wei-

ter, so verbrennt der Zucker, wird dunkel und bitter. Hierbei verliert er alle Süße. Wegen seiner intensiven Farbe wird er in diesem Zustand zum Färben diverser Speisen verwendet.

Zucker kochen

Der Zucker muss auf starker Flamme gekocht werden. Wichtig ist das richtige Auflösen des Zuckers im Wasser. Die genaue Menge Wasser lässt sich schwer voraussagen, da der Zucker unterschiedlich aufnahmefähig ist. Man gießt etwa so viel Wasser auf den Zucker, bis er bedeckt ist, um dann beim Aufkochen einen dünnen Brei zu haben. Dabei muss stets sehr sorgfältig jedes am Topfrand festgeklebte Zuckerkörnchen mit einem in kaltes Wasser getauchten Schwämmchen abgewaschen werden, weil jeder ungelöste Zuckerrest den Zucker an der glatten Kristallisation hindert. Sobald der Zucker fest kocht, wird er so lange abgeschäumt, bis er keine Unreinheiten mehr abstößt. Hat der Zucker den gewünschten Grad, muss der Topf sofort vom Feuer genommen werden. Es ist gut, ihn zuzudecken, dann erkaltet er nicht so rasch und bekommt keine Haut. Den flüssigen Geschmack (Likör, Fruchtsaft etc.) gibt man erst nach dem Kochen des Zuckers dazu. Er darf nicht mitkochen, sonst leidet der Geschmack. Nach dem raschen Unterrühren wird die Masse sofort auf eine dünn mit Öl bestrichene Porzellan- oder Marmorplatte ausgegossen und noch warm mit einem Messer in kleine Vierecke geschnitten. Nach völligem Erkalten lassen sich diese leicht auseinanderbrechen.
Ist die Zuckermasse nach dem Ausgießen trotz aller Vorsicht zäh geblieben, wird sie ganz einfach wieder mit Wasser aufs Feuer gesetzt und neu gekocht. Dann muss allerdings der Geschmack nochmals dazugegeben werden, weil das Aroma sich durch das Kochen zum großen Teil verflüchtigt.
Die Bonbons werden in trockenen Glasgefäßen oder Blechbüchsen aufbewahrt.

Vanille-Bonbons

Zutaten:
500 g Zucker
4 Päckchen Vanillezucker oder starker Absud einer Vanillestange
einige Tropfen Mandelöl

Zubereitung: Der Zucker wird zum Bruch (sechster Grad, siehe Grundrezept) gekocht, Vanille und Mandelöl zugegeben und dann ausgegossen. Man schneidet die Masse zu kleinen Würfeln und bricht sie nach dem Erkalten.

Spitzwegerich-Bonbons

Zutaten:
300 g Zucker
1 Päckchen Vanillezucker
1 Tasse Wasser
1 TL fein gemahlene, getrocknete Spitzwegerichblätter

Zubereitung: Die Zutaten werden zum Bruch (sechster Grad, siehe Grundrezept) gekocht und ausgegossen. Diese Bonbons sind hervorragende Husten-Zuckerl, wie wir in Salzburg sagen.

Zitronenmelissen-Bonbons

Zutaten:
500 g Zucker
1 TL getrocknete, gemahlene Zitronenmelisseblätter
Saft und Schale von 1 Zitrone
1 Tasse Wasser

Zubereitung: Man reibt die Zitronenschale in den Zucker, gibt die Melissen dazu und kocht alles unter Rühren mit dem Wasser zum Bruch (sechster Grad, siehe Grundrezept). Vom Feuer genommen, gibt man den Zitronensaft daran und gießt die Masse aus. Wenn man die Bonbons intensiver in der Farbe haben will, färbt man sie mit ein wenig Safran gelb. Die Farbe wird bereits dem kochenden Zucker zugegeben.

Schokoladen-Bonbons

Zutaten:
300 g Zucker
50 g Schokolade
1 Tasse süßer Rahm

Zubereitung: Der Zucker wird zur großen Perle (dritter Grad, siehe Grundrezept) gekocht, dann fügt man warm aufgelöste Schokolade

Ganz einfach in der Herstellung und mit etwas Übung schnell gemacht – leckere Kräuterbonbons.

und den süßen Rahm dazu und kocht alles langsam zum Bruch (sechster Grad, siehe Grundrezept). Dann wird die Masse rasch auf eine Porzellanplatte gegossen, noch warm in kleine Bonbons geschnitten und zuletzt gebrochen.

Schokolade-Mandel-Bonbons

Zutaten:
500 g Kristallzucker
10 g Schokolade
100 g Mandeln
abgeriebene Schale von 1 Zitrone

Zubereitung: Man kocht den Zucker mit etwas Wasser so lange, bis sich am Kochlöffel lange Fäden zeigen (vierter Grad, siehe Grundrezept). Dann lässt man ihn, vom Feuer genommen, einige Minuten stehen, rührt die fein geriebene Schokolade, die in Stifte geschnittenen Mandeln und die Zitronenschale hinzu und kocht bis zum Bruch (sechster Grad, siehe Grundrezept). Man gießt die Masse aus und lässt sie erkalten. Entweder gießt man sie in tafelförmige Stücke oder schneidet und bricht sie.

Kaffeebonbons

Zutaten:
300 g Zucker
Kaffee
1 Löffel Rosenwasser

Zubereitung: Der Zucker wird zum dritten Grad (siehe Grundrezept) gekocht, dann mit einer Tasse Kaffeeextrakt versehen und zum Bruch (sechster Grad, siehe Grundrezept) gekocht. Als Geschmack gibt man zuletzt das Rosenwasser daran und gießt die Masse aus, schneidet und bricht sie zu Bonbons.

Lecker Sahnebonbons

Zutaten:
¼ l süße Sahne
1 Päckchen Vanillezucker
250 g Zucker
1 Esslöffel Honig

Zubereitung: Alle Zutaten in einen Topf geben und ständig rührend, so lange kochen lassen bis das Ganze bräunlich aussieht wie Karamell. Die Masse auf ein gefettetes Backblech geben, glatt streichen, fest werden lassen und in kleine Vierecke schneiden.

Für Ungeduldige – Karamellbonbons

Zutaten:
125 g Zucker
1 Becher Sahne (200ml)
1 Päckchen Vanillezucker
20 g Margarine
1 Teelöffel Honig

Zubereitung: Zucker und Sahne zum Kochen bringen. Dann heißt es rühren, rühren, rühren (bei hoher Temperatur), bis die Masse dickflüssig wird. Nicht wundern; dieses könnte gut 10 Minuten dauern. Dann wird der Vanillezucker, die Margarine und der Honig dazugegeben. Weiterkochen lassen – und rühren, bis sich die Masse vom Boden löst.
Anschließend diesen »Brei« auf ein großes Stück Backpapier geben und in mundgerechte Stücke schneiden und abkühlen lassen.

Köstliche Durstlöscher

Wenn die Kräuter und Früchte in ihrer ganzen Pracht erblühen, sich nach und nach die Himbeeren und Ribiseln rot färben und eine große Vielfalt bieten, dann ist der Sommer da. Wenn seine wunderbaren Düfte die lauen Lüfte erfüllen möchte man sie am liebsten einfangen. Und das ist ja eigentlich auch ganz einfach – indem man sich Kräuter- und Fruchtsäfte zaubert.

Heidelbeer-Sirup

Zutaten:
Heidelbeeren
Zucker

Holunderblüten-Sirup ist ein köstlicher Durstlöscher.

Zubereitung: Frische Heidelbeeren zerdrückt man und lässt sie so lange in einem bedeckten Gefäß bei ungefähr 20 °C unter wiederholtem Umrühren stehen, bis 1 Raumteil einer abfiltrierten Probe sich mit 1/2 Raumteil Alkohol ohne Trübung mischt. Aus 7 Teilen der nach dem Abpressen filtrierten Flüssigkeit und 13 Teilen Zucker werden 20 Teile Sirup bereitet. Man überlässt die zerdrückten Heidelbeeren also erst einer Gärung, die einen doppelten Zweck hat: einmal die Pektinstoffe durch die Gärung aus dem Saft zu entfernen und dadurch die Haltbarkeit des späteren fertigen Sirups zu erhöhen, andererseits das Aroma des Saftes zu mehren, denn jene aromatischen Stoffe, die unsere Zunge und unseren Gaumen so angenehm berühren, werden gerade bei der Gärung in größerer Menge gebildet, als sie von Natur aus schon in den Heidelbeeren enthalten sind.

Holunderblüten-Sirup

Zutaten:
1 kg Zucker
2 Liter Wasser
1 kg Holunderblüten
5 Orangen
10 Zitronen
1 Vanilleschote
Schale 1 unbehandelten Zitrone

Zubereitung: Man kocht den Zucker mit dem Wasser auf und gießt über die Holunderblüten. Dazu gibt man die restlichen Zutaten. Den Sirup stellt man jetzt 2–3 Tage in einem verschlossenen Gefäß kühl. Nach dieser Zeit seiht man ab, kocht auf und füllt den heißen Sirup in sehr saubere, erwärmte Flaschen ab.

Lavendel-Sirup

Zutaten:
3 Liter Wasser
2 kg Zucker
120 g Lavendelblüten
3 Zitronenscheiben
60 g Zitronensäure

Zubereitung: Man kocht das Wasser mit dem Zucker auf, lässt abkühlen, gibt die restlichen Zutaten dazu und stellt das verschlossene Gefäß 6 Tage lang an einen kühlen Ort. Nach dieser Zeit seiht man ab und füllt in Flaschen ab.

Löwenzahn-Sirup

Zutaten:
2–3 Handvoll geöffnete Löwenzahnblüten
3/4 Liter Wasser
Saft 1 Zitrone
1 kg Zucker

Zubereitung: Blüten mit Wasser bedecken und aufkochen. Etwa eine halbe Minute köcheln lassen und dann den Topf zum Abkühlen beiseitestellen. Anschließend seiht

Sirup und Kräutersäfte sind gesund und schmecken vor allem Kindern.

man den Saft ab, füllt auf 1 Liter mit Wasser auf und gibt Zitronensaft und Zucker dazu.
Unter Rühren kocht man die Flüssigkeit auf und köchelt bei mittlerer Hitze, bis etwa die Hälfte des Wassers verdampft ist. Dann lässt man den Sirup abkühlen und wiederholt den Vorgang, bis der Sirup zähflüssig geworden ist (ca. 5- bis 6-mal).
Der heiße Sirup wird in sehr saubere Gläschen abgefüllt und dicht verschlossen.
Löwenzahn-Sirup kann für Desserts wie Eis und Milchspeisen verwendet werden oder zum Süßen von Kräutertee. Er ist bei Kindern sehr beliebt und schmeckt wie etwas herberer Honig. Verwendet man Kandiszucker, schmeckt er malzig.

Malvenblüten-Sirup

Zutaten:
250 ml Zuckersirup
1 Handvoll geöffnete Malvenblüten

Zubereitung: Im kochenden Zuckersirup lässt man die Malvenblüten eine halbe Stunde ziehen, dann abseihen und noch heiß in sehr saubere angewärmte Flaschen abfüllen.

Pfefferminz-Sirup

Zutaten:
250 ml Zuckersirup
1 Handvoll Pfefferminzblätter

Zubereitung: Im kochenden Zuckersirup lässt man die Pfefferminzblätter eine halbe Stunde ziehen, dann abseihen und noch heiß in sehr saubere angewärmte Flaschen abfüllen.

Schlehen-Sirup

Schlehen-Sirup schmeckt herb und erfrischend. Er kann mit Mineralwasser oder Sekt aufgegossen werden oder zu Puddings, Eis usw. gereicht werden.

Zutaten:
2 kg Schlehenfrüchte
750 g Zucker
1 Prise Nelkenpulver
1 TL Zimt

Zubereitung: Die gewaschenen Schlehen gibt man in einen Topf und gießt so viel kochendes Wasser darüber, dass sie vollständig bedeckt sind.
Man lässt das Ganze 1 Tag stehen, gießt den Saft ab, kocht diesen einmal auf und gießt ihn wieder über die Schlehen. Danach gießt man den Saft ab und filtert durch ein Tuch. Der Saft wird jetzt zusammen mit dem Zucker und den restlichen Zutaten so lange gekocht, bis der Zucker aufgelöst ist. Den Sirup noch heiß in angewärmte und sehr saubere Flaschen abfüllen.

Schlehenblüten-Sirup

Zutaten:
250 ml Zuckersirup
1 Handvoll Schlehenblüten

Zubereitung: Im kochenden Zuckersirup lässt man die Schlehenblüten eine halbe Stunde ziehen, dann abseihen und noch heiß in sehr saubere angewärmte Flaschen abfüllen.

Fichtenknospen-Sirup

Zutaten:
1 kg Knospen von Rottannen (Maiwuchs)
2 Liter Wasser
100 g Spitzwegerich
1 kg gelber Zucker

Zubereitung: Die Zutaten werden eine halbe Stunde lang auf schwachem Feuer gekocht und wenn noch warm durchgesiebt. Dieser Sirup ist ein vorzügliches Heilmittel bei Ernährungskrankheiten und wird gern auch zum Süßen von Tees verwendet.

Waldmeister-Sirup

Zutaten:
250 ml Zuckersirup
1 Handvoll Waldmeister

Zubereitung: Im kochenden Zuckersirup lässt man den Waldmeister eine halbe Stunde ziehen, dann abseihen und noch heiß in sehr saubere angewärmte Flaschen abfüllen.

Borretsch-Limonade

Zutaten:
2 Handvoll Borretschstiele und -blätter
Saft von 7 Zitronen
70 g Honig
1 Flasche Mineralwasser
einige Borretschblüten

Zubereitung: Die Borretschstiele und -blätter werden fein püriert und durch ein Haarsieb gestrichen. Der Saft wird mit Zitronensaft und Honig gemischt und mit kaltem Mineralwasser aufgegossen. Die Limonade wird mit ein paar Borretschblüten bestreut.

Kräuter-Hausmittel gegen Beschwerden von A bis Z

Nachfolgend finden Sie ganz einfache Heilmittel, die sich ohne großen Aufwand mit Zutaten aus Küche und Kräutergarten herstellen lassen. Suchen Sie sich das Rezept aus, das Sie am ehesten anspricht, und probieren Sie es aus. Manche sollen schon wahre Wunder bewirkt haben.
Ich möchte an dieser Stelle noch einmal ausdrücklich darauf hinweisen, dass Kräuter keinen Arztbesuch ersetzen, aber eine verordnete Therapie sehr positiv unterstützen können. Dies gilt in erster Linie – aber nicht nur – für kranke Kinder.

Augen

Entzündete Augenlider

• **Walnussblätter** mit heißem Wasser aufgießen, ziehen lassen, ein Tuch damit tränken und ca.

Kräuter sollten immer sorgfältig getrocknet werden, damit sich kein Schimmel bilden kann. Diese reichhaltige Auswahl lagert in Holzkästen.

10 Minuten nicht zu heiß auf die Augen legen.
- **Quark** auf die Augenlider geben, trocknen lassen und mit etwas lauwarmem **Honig** abwaschen.
- 1 TL geschnittene **Eichenrinde** mit 1 Tasse kaltem Wasser mischen und ca. 3 Minuten kochen lassen, abseihen, noch mal die gleiche Menge Wasser dazugeben, ein Tuch darin einweichen und auf die Augen legen. Mehrmals am Tag wiederholen.

Müde Augen

- Hände reiben, bis sie warm sind, auf die geschlossenen Augen legen und an die Farbe Schwarz denken.
- Überanstrengte Augen in lauwarmem Wasser mit **Fencheltee** baden.
- Aus je 10 g **Rosenblüten** und **Thymian** einen Tee zubereiten, abkühlen lassen, ein Tuch einweichen und dieses ein paarmal ca. 3 Minuten auf die geschlossenen Augen legen.

Fremdkörper im Auge

- Das Auge seitlich vorsichtig mit **Zuckerwasser** oder normalem Wasser auswaschen.
- Stark an einer frisch aufgeschnittenen **Zwiebel** riechen. Das steigert den Tränenfluss, und der Fremdkörper kann besser herausgespült werden.
- 25 g Butter, 25 g **Leinöl** und 1 Eiweiß zu einer Paste verrühren. Diese auf die entsprechende Stelle aufgetragen, hilft bei einem Gerstenkorn.

Geschwollene Augen

- Bei geschwollenen Augen hilft es, **Teebeutel** (Schwarztee oder Kamille) oder **Gurkenscheiben** auf die Lider zu legen.
- Etwas **Kartoffelbrei** auf den Augenlidern bringt Linderung gegen dicke, geschwollene Augen.
- Bei brennenden Augen hilft es manchmal schon, einen kalten **Waschlappen** darauf zu legen.
- Auch bei den dunkelsten Augenringen hilft es, etwa 20–30 Minuten **Quark** einwirken zu lassen.

Bauch»zwicken«

- ¼ Liter Milch erwärmen, 1 **Knoblauchzehe** auspressen, den Saft in die Milch geben und mit Honig gesüßt trinken.
- 2 TL **Dillsamen** mit 2 Tassen kochendem Wasser übergießen und 15 Minuten ziehen lassen. Tagsüber trinkt man die erste Tasse, am Abend die zweite.
- Sehr viel **Bärlauchblätter** fein schneiden, in eine Flasche stopfen, mit Kornschnaps auffüllen und ca. 3 Wochen an einem warmen Platz ziehen lassen. Diesen Saft dann in kleine Fläschchen abfüllen und nach Bedarf trinken.
- Ihren Lieblingskräutertee oder heiße Milch mit **Kümmel**, **Anis** und/oder **Fenchel** trinken.
- Kümmel mit kochendem Wasser überbrühen, 15 Minuten ziehen lassen, abseihen und dann trinken. Bei Bauchzwicken hat es auch schon oft geholfen, einen Spaziergang zumachen, der Kreislauf und Verdauung in Schwung bringt.

Wenn der Bauch zwickt, hilft Bärlauch.

Erkältung (Husten, Schnupfen, Heiserkeit)

- 1 Handvoll **Kamillenblüten** in einem Topf mit heißem Wasser übergießen und etwas ziehen lassen. Mit einem Handtuch über dem Kopf möglichst nah an den Topf und tief durch den Mund einatmen und wieder ausatmen.
- Braunen Kandiszucker, **Zwiebelstücke** und frische oder getrocknete **Brombeerblätter** miteinander kochen. Ein bisschen ziehen lassen, danach durchsieben, heiß trinken.
- Füllen Sie ein Waschbecken mit warmem Wasser, legen beide Arme tief hinein und lassen heißes Wasser zufließen. Die Armbadedauer sollte etwa 15–20 Minuten betragen. Danach mit Honig gesüßten **Lindenblütentee** heiß trinken (oder alternativ heiße Milch mit Honig).
- In einer Schüssel einige **Heublumen** mit etwa 1 Liter heißem Was-

Bei Erkältungen ist es ganz wichtig, viel Kräutertee zu trinken.

ser übergießen und mit warmem Wasser zur Hälfte auffüllen. Darin die Füße 10 Minuten baden. Anschließend 2 Zitronen in ein Glas auspressen, heißes Wasser aufgießen und 1 EL Honig dazugeben. Heiß trinken und dann im Bett schwitzen.

- Legen Sie sich feuchte und warme Umschläge um Rücken und Brust, darüber trockene, wärmende Tücher und Decken. Im Bett liegend schwitzen. Heiße Kräutertees (z. B. **Fenchel, Salbei, Schafgarbe**) sorgen für die Wärme von innen.
- **Kartoffeln** kochen und die noch warmen Kartoffeln (so heiß wie möglich) in ein Tuch eingewickelt auf den Brustkorb legen. Über Nacht wirken lassen.
- 1 TL Salz und 1 TL **Natron** in eine Tasse mit lauwarmem Wasser einrühren. Ein Stäbchen mit Watte umwickeln und die Nasenwände von innen mit der Flüssigkeit betupfen. Ein paarmal »hochziehen«. Dann Stäbchen mit frischer Watte umwickeln, in reines Mandelöl tauchen und damit die Nasenwände von innen betupfen.
- Das Aufsaugen von verdünntem **Zitronensaft**, Salzwasser oder frischer Milch durch die Nase lindert den Schnupfen. Wiederholung etwa 3-mal täglich.
- Etwa 500 g **Zwiebeln** in Ringe schneiden und über Nacht in Kopfnähe stellen. Der Zwiebelgeruch lässt die Schleimhäute abschwellen.
- Gegen Schnupfen bei Kleinkindern: 2 EL Vaseline und 1 TL **Majoran** mischen und erhitzen. Durch ein Tuch filtern und erkalten lassen. Mit der entstandenen Salbe mehrmals täglich die Nasenpartie einreiben.
- 3–4 Liter Wasser oder **Kräutertee** am Tag trinken.
- Viel **Hühnersuppe** trinken oder essen, am besten selbst gemacht, keine Instantsuppen.
- **Zwiebeln** klein schneiden, kurz in Wasser aufkochen und die Dämpfe inhalieren.
- **Holundersaft** ist ein bewährtes Mittel gegen Erkältungen. Entweder pur, gesüßt oder im Tee.
- Mehrmals täglich 1 TL **Anis-Sirup** nehmen. Dazu 250 g Zucker in ¼ Liter kochendem Wasser auflösen, einige Minuten umrühren und zuletzt 60 g Anis hinzufügen.
- Auf eine Schnur abwechselnd **Zwiebelstücke** und **Knoblauch** aufziehen und diese über Nacht um den Hals binden. Das soll die erkältungsbedingten Verschleimungen lösen.
- Je 30 g **Holunderblüten, Eukalyptusblätter** und **Weidenrinde** mischen. 2 EL davon in ¼ Liter kaltes Wasser geben, aufkochen, etwa 10 Minuten ziehen lassen, abseihen und stündlich einen guten Schluck davon nehmen.
- Ein Saft aus **Karotten, Roter Bete** und **Tomaten** stärkt.
- Sobald sich eine Erkältung anmeldet, hilft ein Fichtennadelbad: **Fichtennadeln** in Wasser ca. 15 Minuten kochen, abseihen und in das Badewasser geben.
- Bei einer Erkältung sollte das Zimmer nicht zu aufgeheizt sein und mehrmals täglich durchgelüftet werden.

Zwiebeldämpfe lassen die Schleimhäute abschwellen und lösen den Husten.

- **Heiße Milch** mit Mineralwasser trinken ist besonders schweißtreibend. Am besten danach erstmal gut eingepackt ins Bett legen und ruhen.
- Siehe auch die Tipps unter »Husten« auf Seite 147 f.

Fieber

- Bei hohem oder länger dauerndem Fieber unbedingt einen Arzt aufsuchen!
- Auf 1 Liter Wasser 5 EL **Essig** geben. Tücher gut damit anfeuchten. Die kalten Essigwasserumschläge um beide Waden wickeln. Wechseln, wenn sie warm geworden sind (ca. alle 5 Minuten).
- »Essigsocken«: 1 Teil **Apfelessig** mit 5 Teilen Wasser mischen. Ein Paar Baumwollsocken hineintauchen, auswringen und bis über die Waden anziehen. Darüber ein Paar trockene Tücher oder Socken ziehen und etwa 1 Stunde anlassen.
- Viel trinken. Pro einer Temperaturerhöhung von 1 °C über 37,0 °C sollte man zusätzlich ½ bis 1 Liter Wasser oder **Kräutertee** pro Tag trinken.
- Ca. 1 EL frische **Petersilie** mit Blättern und Stängeln klein schneiden, in 1 Tasse Wasser geben, gut aufkochen, abseihen und trinken.
- ¼ Liter Wasser, ¼ Liter Milch, ⅛ Liter Weißwein, 250 g Zucker und 6 EL **Zitronensaft** in einem Topf kurz aufkochen und warm trinken.
- **Zitronenscheiben** auf die Schläfen legen.
- Ein Tee aus **Thymian, Kamille** und **Lindenblüten** tötet Bakterien, mindert Entzündungen und fördert das Schwitzen.
- 2 TL getrocknete **Lindenblüten** mit ¼ Liter Wasser übergießen, 10 Minuten ziehen lassen, dann abgießen. Mit Honig süßen, schluckweise trinken. Stark schweißtreibend!
- Fieberbläschen über Nacht dick mit Zahnpasta einreiben, dann verschwinden sie schneller.

Frühjahrsmüdigkeit

- Kochende Milch auf getrocknete **Pfefferminzblätter** gießen, 5 Minuten ziehen lassen und in kleinen Schlucken trinken.
- Viele Wildkräuter wie **Sauerampfer, Brunnenkresse** und **Knoblauchsrauke** im Salat, Quark oder auf einem Brot essen.
- Morgens 1 Glas Wasser mit 3 EL Apfelessig und etwas Honig trinken.

Halsschmerzen

- Halswickel aus **Weißkrautblättern**: Grobe Rippen aus dem Weißkraut herausschneiden. Die übrigen Blätter weich walken, um den Hals legen und mit einem Wolltuch abdecken. Alle 2–3 Stunden erneuern, eventuell auch über Nacht. Falls nötig die Blätter kurz in kochendes Wasser legen, um sie weicher zu machen.
- **Schmalzwickel:** In einer Pfanne Schmalz erhitzen, man kann auch Öl nehmen. Mit dieser heißen Masse ein Leinentuch tränken und so heiß wie noch angenehm um den Hals legen. Mit einem Wollschal abdecken und über Nacht wirken lassen.
- Quarkwickel: **Quark** gleichmäßig auf einem Taschentuch verteilen, um den Hals legen, mit einem Schal befestigen und max. 20 Minuten wirken lassen.
- **Kartoffeln** kochen, zerdrücken, so heiß wie noch angenehm in ein Taschentuch wickeln, um den Hals legen und mit einem Schal umwickeln.

Getrocknete Kräuter bitte immer in dunklen Gläsern aufbewahren.

Husten

- 1 Handvoll **Thymian, Pfefferminze** und **Spitzwegerich** in 1 Liter Wasser kochen und durch ein Tuch seihen. Den abgekühlten Sud mit reichlich Honig süßen.
- Zitronenwickel: Handtuch in reinen, kalten Zitronensaft tauchen, auf die Brust legen, mit einem Schal befestigen und bis 2 Stunden einwirken lassen. Falls es zu allergischen Hautausschlägen kommt, sofort beenden.

Holundersirup ist ein altes Hausmittel bei Husten mit schleimigem Auswurf.

- Ein gereinigtes Marmeladenglas bis zum Rand abwechselnd mit einer Schicht **Zwiebelscheiben** und einer Schicht Zucker füllen. Anschließend das Glas mit einem Deckel verschließen und in den warmen Backofen stellen. Den Saft, der sich bildet, über den Tag verteilt trinken.
- Quarkwickel: **Quark** gleichmäßig auf eine Mullbinde verteilen, um Brust und Rücken wickeln und mit einem Schal befestigen und einige Stunden wirken lassen. Am besten über Nacht.

Die Wurzeln des Eibisch helfen sehr gut bei hartnäckigem Husten.

- 50 g **Eibischwurzel**, 50 g **Süßholz**, 10 g **Fenchel** und 10 g **Anis** zerkleinern und mischen. Pro Tasse genügt 1 EL. Die Mischung mit kochendem Wasser aufgießen und unter Rühren 5 Minuten ziehen lassen. Den Tee mehrmals täglich heiß trinken.
- 1 **Zwiebel** auspressen und die Flüssigkeit in ein Glas heiße Milch einrühren. 1 EL Honig hinzugeben, in der Milch auflösen und schluckweise trinken.
- **Spitzwegerichblätter** mit 1 Liter Wasser aufkochen und ziehen lassen. Blätter abseihen und den Sud mit 500 g Kandiszucker so lange kochen, bis er dickflüssig ist (etwa wie Honig). Mehrmals täglich 1 TL einnehmen.
- 3 TL **Thymian** und 3 TL **Anis** (gestoßen) mit ½ Liter kochendem Wasser übergießen. Zugedeckt ca. 3 Minuten ziehen lassen und abseihen. Den Geschmack mit dem Saft 1 ausgepressten Orange verfeinern und den Tee mit Honig oder braunem Zucker süßen.
- **Kartoffeln** kochen, zerdrücken, in ein Handtuch oder eine Mullbinde wickeln und so heiß wie noch angenehm auf die Brust legen. Mit einem Wollschal umwickeln und etwa 1 Stunde einwirken lassen.
- 1 schwarzen **Rettich** halbieren und aushöhlen, mit Honig füllen und einen Tag ziehen lassen. Mehrmals täglich 1 TL nehmen.
- Bei länger anhaltendem Husten **Weichselkirschenstiele** mit kochendem Wasser überbrühen und davon 3-mal täglich warm 1 Tasse trinken.
- **Zwiebeln** fein würfeln und diese einige Tage in Branntwein ziehen lassen. Mehrmals täglich 1 TL nehmen.
- Täglich 1–3 Tassen mit frisch aufgebrühtem Tee von jungen **Brennnesseln** trinken.
- **Huflattich**, Kandiszucker (dunkel), **Kamille** und Rosinen in Wasser aufkochen und jede Stunde etwas davon trinken.
- Warmes **Zuckerwasser**, mit Eidotter vermischt, mildert den Hustenreiz.
- **Holunder-Sirup** gegen Verschleimung: Reife Holunderbeeren so lange in ca. 1 Liter Wasser kochen, bie die Beeren »platzen«. Dann das Wasser abgießen, gut 250 g Zucker hinzufügen und eine halbe Stunde unter Rühren weiterkochen lassen. Den heißen Sirup in saubere Flaschen abfüllen und bei Bedarf ein Glas davon trinken.
- Gegen Hustenreiz hilft 1 TL gezuckerte **Kondensmilch**.
- Bei länger anhaltendem Hustenreiz **Kartoffelwasser** (ungesalzen) mit etwas Honig süßen und warm trinken.

• **Hustenbier:** ½ Liter Bier erhitzen, mit 5 TL flüssigem Honig verrühren und abends trinken. Hilft gegen den Hustenreiz und bringt eine angenehme Nachtruhe.
* Einen Tee aus aufgebrühten **Apfelschalen** heiß trinken.
• Einen halben **Weißkohl** mithilfe eines Entsafter auspressen, den Saft erwärmen, mit Honig abschmecken und mehrmals täglich ca. 4–5 EL davon mit etwas warmem Wasser vermischen und langsam trinken.

Insektenstiche

• Gegen das Jucken können Sie jedes der folgenden Mittel auftragen: **Zitronensaft**, **Essig** mit Salz, feuchten **Würfelzucker**, **Hefe** in Wasser aufgelöst, **Zwiebelsaft** oder etwas **Seife**.
• Gegen Insektengift bei Bienen- oder Wespenstichen hilft ein angefeuchtetes Stück **Würfelzucker**. Einfach auf den Stich legen, und die Flüssigkeit wird herausgezogen. Der Stachel sollte immer erst entfernt werden.
• Entzündungsvorbeugend bei Insektenstichen wirkt es, 1 Tropfen **Wachs** auf den Stich tropfen zu lassen.
• Den Saft von ein paar zerdrückten **Kohlblättern** auf die Stelle schmieren.
• Den Stich mit einer Scheibe **Zwiebel, Zitrone** oder **Meerrettich** einreiben.
• Insektenstichen vorbeugen kann man, indem man freie Hautstellen mit **Nelkenöl** oder **Lavendelöl** einreibt.

Kopfschmerzen

• Bei leichten Kopfschmerzen wie beispielsweise durch Wetterfühligkeit oder Kater: Nacken abwechselnd **warm und kalt duschen**.
• 1 TL **Wacholderbeeren** zerkleinern und in einer Tasse mit kochendem Wasser aufbrühen. 10 Minuten zugedeckt ziehen lassen, dann abseihen und trinken.
• Einreiben der Schläfen mit **Eukalyptusöl** und 1–2 Tropfen davon auf einem Zuckerwürfel einnehmen.
• Ein Tuch mit **Quark, Zwiebeln** oder **Meerrettich** bestreichen und in den Nacken legen.
• **Holunderblüten** mit etwas Wein oder Essig anfeuchten und auf die Stirn legen.
• Die Arme bis über die Ellbogen in eine Wanne mit **eiskaltem Wasser** legen.
• Starker **Bohnenkaffee** mit dem Saft 1 Zitrone, ohne Zucker, soll Wunder vollbringen.
• Senf-Fußbäder: 4 EL **Senfkörner** zermahlen, in 1 Liter kaltes Wasser geben und langsam aufkochen. Sobald das Wasser kocht, den Topf vom Herd nehmen und den Inhalt in eine große Schüssel mit lauwarmem Wasser gießen. Beide Füße 5–10 Minuten, oder bis eine Hautrötung entsteht, darin baden. Nach dem Bad die Füße mit einem Handtuch nur etwas abtupfen und dann warme Strümpfe anziehen und darüber Hausschuhe oder ein weiteres Paar Socken.
• Gegen katerbedingte Kopfschmerzen hilft ein Glas **Orangensaft** mit 1 TL Salz. Der Körper braucht jetzt viel Vitamin C, Flüssigkeit und Salz.
• Frische **Petersilie** kauen oder eine salzige Fleischbrühe trinken kann helfen, wenn die Kopfschmerzen noch im Anfangsstadium sind.
• Kälteschock – indem man die Fingerspitzen 1 Minute in **Eiswasser** taucht und dann ein paar Sekunden auf die Augenbrauen drückt. Möglichst 3-mal wiederholen.
• Entspannen und das Zimmer abdunkeln.
• Kalte Umschläge mit **Kölnisch Wasser** oder dieses einatmen.
• Bei anderen Menschen hilft dagegen **Wärme**: Eine dicke Wollmütze aufsetzen.

Magen-Darm-Beschwerden

Blähungen

• Genauso wie ein anderes Hausmittel gegen Blähungen wirkt oft schon ausreichende **Bewegung**, denn häufig haben sich nach einem ausgiebigen Spaziergang die Winde wieder gelegt.

Bei häufigen Problemen mit der Verdauung sollte man besser mehrere kleinere als wenige üppige Mahlzeiten zu sich nehmen. Aber auch Honig beruhigt, und Koriander, Kümmel und Gewürznelken im Essen beugen unangenehmen Blähungen vor.

Frisches Sauerkraut bringt den Verdauungsapparat nachhaltig in Schwung.

- Blähungen vorbeugen: Zweigspitzen von blühendem **Bohnenkraut** frisch oder getrocknet als Würze verwenden, zum Beispiel bei Hülsenfrüchten und Kohl.
- Sehr viel **Bärlauch** fein schneiden, in eine Flasche stopfen, mit Kornschnaps auffüllen und ca. 3 Wochen an einem warmen Platz ziehen lassen. Diesen Saft dann in kleine Flaschen abfüllen und nach Bedarf anwenden.
- Tee/heiße Milch mit **Kümmel, Anis** und/oder **Fenchel** trinken.
- **Kümmel** mit kochendem Wasser überbrühen, 15 Minuten ziehen lassen, abseihen und dann trinken.
- Siehe auch Tipps gegen Bauch»zwicken«

Durchfall

- Allgemein gilt: Bei sehr starkem Durchfall sollte für 24 Stunden auf Nahrung verzichtet werden. Dabei aber sehr viel trinken, vor allem heiße Getränke, zum Beispiel ungesüßten **Schwarztee** und **Kamillen-Tee**.
- Dieses Teerezept hilft ausgezeichnet: 1 gehäuften EL getrocknete **Heidelbeeren** mit 1/4 Liter Wasser in einem Topf zum Sieden bringen, 10 Minuten kochen und abseihen. Kinder (ab 6 Jahre) bekommen täglich 3- bis 5-mal je 3–5 EL ungesüßten Tee.
- Haferschleim oder Reisbrei sowie Zwieback mit ungesüßtem **Kamillen-Tee**.
- 1–2 TL getrocknete **Heidelbeeren** oder **Brombeeren** leicht zerkauen. Wenn nötig mehrfach wiederholen.
Auch als Tee geeignet.
- Bei Brechdurchfall hilft, stündlich 2 EL von einem Brei aus geröstetem Roggenmehl und Wasser zu essen und **Fenchel-Tee** zu trinken.
- Bei Kindern hilft oft schon etwas Apfelmus: Einfach einen **Apfel** schälen und reiben.

Magenverstimmung

- 1 EL **Senfkörner** mit viel Flüssigkeit, am besten Schwarztee, schlucken.
- **Pfefferminzblätter** und Zitronenschalen von unbehandelten Zitronen überbrühen. Ziehen lassen, abseihen, mit Zucker süßen und so warm wie möglich trinken.
- **Schwarzer Tee** mit einer Prise Salz. Dazu Zwieback oder Toast.
- Frisch aufgebrühten **Salbei-Tee** morgens und abends trinken.

Verstopfung

- Jeden Morgen auf nüchternen Magen ein Glas nicht zu kaltes **Mineralwasser** trinken.
- Vor den Mahlzeiten rohes Sauerkraut essen. Vor dem Frühstück 1 Glas **Sauerkrautsaft** trinken.
- Aus 2–4 kg fein gemahlenem **Weizenschrot** mit heißem Wasser einen Teig kneten. Diesen mit keinerlei Triebmitteln vermischen, nicht salzen und nicht würzen. Den Teig über Nacht an einem warmen Ort stehen lassen. Am nächsten Tag werden kleine Laibe geformt und 1 1/2 Stunden im Ofen gebacken. Danach taucht man die heißen Laibe kurz in siedend heißes Wasser und gibt sie nochmals kurz in den Ofen. Zur Aufbewahrung kommt das Brot an einen kühlen

Getrocknete Hagebutten sind reich an Vitamin C. Auch als Marmelade schmecken sie hervorragend.

Ort. Essen Sie täglich einige Scheiben dieses köstlichen Brotes, das bringt die Verdauung und den Stoffwechsel in Schwung!

- 10 g **Milchzucker** in 1 Tasse warmer Milch auflösen und morgens auf nüchternen Magen trinken.
- Zur Entschlackung viel **Salat, Gemüse** und **Obst** essen. Dazu Vollkornbrot und Leinsamenschrot.
- Morgens und abends 1 EL reines **Olivenöl** trinken.
- Abends einige **Feigen** in ein Glas Wasser legen, morgens die Feigen nüchtern essen, Glas austrinken.
- Ein Fußbad mit Wasser, **Apfelessig** und Salz soll helfen.
- Zu gleichen Teilen Hagebutte, Hibiskus und Holunderblüten mischen und abends 2 TL mit Wasser übergießen, ziehen lassen und den Tee trinken.
- Morgens eine Mischung aus je 2 EL Milch und **Apfelwein** und 4 Tropfen Essig trinken.
- Vor dem Essen 1 TL **Rettichsaft** in lauwarmem Wasser trinken.

Nervosität

- Täglich 2 Tassen **Johanniskraut-Tee** trinken. Abends 2 TL Bienenhonig einnehmen. Vor dem Schlafengehen warme Salzfußbäder.
- **Baldrian** in Form von Baldrianwurzeln für einen Tee, Tinktur zum tropfenweisen Einnehmen oder Dragées aus der Apotheke.
- **Lavendelöl** in eine Duftlampe geben oder auf ein Taschentuch tropfen. Der Duft wirkt ausgesprochen beruhigend.
- **Buttermilch** stärkt die Nerven.

Über den Tag hinweg ca. 1 Liter trinken.

Ohrenschmerzen

- 1 **Zwiebel** würfeln, in ein Taschentuch geben, etwas zerdrücken, bis sich das Tuch mit Saft vollsaugt, und dann ca. 30 Minuten auf das Ohr legen.
- **Kartoffeln** kochen, zerdrücken, so heiß wie möglich in ein Taschentuch wickeln und öfters ans Ohr halten.
- Etwas **Olivenöl** in der Hand erwärmen, ein Wattestäbchen darin eintauchen und das Ohr damit ausputzen. Es soll etwas Olivenöl im Ohr zurückbleiben. Hilft vor allem bei Kindern mit Mittelohrentzündung.
- 1 Bund frische **Petersilie** in der Hand zerquetschen, in etwas Verbandsmull einschlagen und sofort auf das Ohr legen. Abdecken und längere Zeit einwirken lassen.
- Eine geschälte Knoblauchzehe ins Ohr legen.

Schlafstörungen

- Vor dem Schlafengehen ein lauwarmes Fußbad nehmen und 1 Glas Wasser oder **Kamillen-Tee** mit einigen Tropfen Baldrian trinken.
- Die Badewanne bis zu den Knöcheln mit **kaltem Wasser** füllen und vor dem Schlafengehen darin waten. Spätestens wenn es Ihnen richtig kalt ist, aufhören und ins Bett legen.
- 40 g **Baldrianwurzel** und 10 g **Johanniskraut** mischen. 2–3 TL davon in ¼ Liter kaltem Wasser ansetzen, 12 Stunden stehen lassen, abseihen und vor dem Schlafengehen trinken.

Die Wirkstoffe der Baldrianwurzel sind sehr hilfreich bei Schlafstörungen.

- **Lavendel, Kamille, Melisse, Minze** und **Thymian** in ein kleines Säckchen aus Baumwolle füllen. Abends das Säckchen neben das Gesicht legen.
- Vor dem Zubettgehen etwas Milch mit **Zwiebeln** aufkochen und trinken.
- In ein Glas Wasser etwas **Apfelessig** und Honig geben. Kurz vor dem Zubettgehen schlückchenweise trinken.
- Vor dem Schlafengehen rohe **Zwiebeln** essen.
- **Orangen-** oder **Mandarinenöl**, ggf. auch **Pfefferminzöl** in einer Duftlampe im Zimmer oder etwas unter die Nase gerieben.

• Vor dem Zubettgehen 1 Tasse **Melissen-Tee** mit Bienenhonig und etwas Zitronensaft trinken.
• Etwas **Rosenöl** auf ein Taschentuch geben und neben sich auf das Kopfkissen legen.

Schwitzen, übermäßiges

• Morgens 1 TL **Salbeiblätter** in eine Tasse geben und mit kaltem Wasser übergießen. Stehen lassen, abends abseihen und vor dem Schlafen trinken. Hilft vor allem bei Nachtschweiß.
• Gegen Handschweiß hilft es, die Hände morgens und abends mit **Franzbranntwein** einzureiben.
• Gegen Körpergeruch bei Schweißausbrüchen: 40 g **Eichenrinde**, 30 g **Walnussblätter** und 20 g **Thymian** 10 Minuten in 1 Liter Wasser kochen. Damit täglich die stark schwitzenden Körperpartien waschen.
• Tomatensaftbad gegen Körpergeruch: 2-mal in der Woche ein Bad nehmen. Dazu ½ Liter **Tomatensaft** ins Badewasser geben. Bei regelmäßiger Anwendung verschwindet damit selbst starker Körpergeruch.
• Gegen Schweißfüße nimmt man 1 kg **Eichenrinde** und rührt sie in 5 Liter kaltes Wasser ein. Zum Kochen bringen, 30 Minuten lang köcheln lassen, dann abseihen. Die Füße jeden Abend darin baden.

Salbeitee ist auch hilfreich bei Wechselbeschwerden.

Sonnenbrand

• Ein Stückchen einer **Aloe-vera-**Pflanze abschneiden, längs halbieren und mit der gelartigen Flüssigkeit brennende Stellen einreiben.
• Mehrmals täglich **Stärkemehl** und Wasser zu einem dickflüssigen Brei verrühren, auf die Stellen geben und ca. 20 Minuten einwirken lassen.
• Frische **Tomaten-, Gurken-** oder **Kartoffelscheiben** auflegen.
• Einen Brei aus **Eiweiß** und **Zucker** mischen, über Nacht auf den betroffenen Stellen einwirken lassen und am nächsten Tag gut abwaschen.
• 6–8 EL **Molkepulver** in eine Badewanne voll Wasser geben, etwas darin entspannen, danach nicht abtrocknen, sondern die Mischung auf der Haut trocknen lassen und in ein Handtuch gewickelt ca. 20 Minuten hinlegen.
• **Kalte saure Sahne, Quark** oder **Joghurt** auf die betroffenen Stellen auftragen.
• Mit **Milch** oder **Buttermilch** abwaschen/abtupfen.
• Frische gewaschene **Petersilie** auflegen verspricht Linderung.

Übelkeit

• Am besten hilft zuerst einmal, frische Luft einzuatmen.
• Etwas **Minzöl** auf dem Handrücken oder einem Taschentuch verteilen und daran riechen.
• Eine frische **Zitronenscheibe** lutschen hilft gegen den Brechreiz.
• Nach dem Erbrechen den Magen mit 20 g **Haferschleim** in ¼ Liter Wasser aufgekocht beruhigen.
• Bei Brechdurchfall hilft, stündlich 2 EL von einem Brei aus geröstetem **Roggenmehl** und Wasser zu essen und **Fenchel-Tee** zu trinken.
• Bei Brechreiz hilft es, einen Tee aus zerquetschten **Dill-** oder **Fenchelsamen** zu trinken. Diese einfach mit etwas heißem Wasser übergießen, ziehen lassen und abseihen.

Warzen

• Zauber gegen Warzen: Gehe in einer Nacht bei Vollmond ins Freie. Entzünde eine weiße Kerze. Nimm eine **Speckschwarte**, streiche damit über die Warze und sprich: »Was ich sehe, das mehre sich. Was ich bestreiche, verzehre sich.« Erst bei dem zweiten Teil des Satzes wird die Warze bestrichen. Wiederhole dieses 3-mal. Danach nimm die Speckschwarte und vergrabe sie im Garten. Wenn die Speckschwarte verrottet ist, wird die Warze verschwunden sein!

Ein seit altersher bekanntes Warzenkraut – der gelbe Saft des Schöllkrauts hilft bei Warzen. Mehrmals täglich eintupfen.

Noch ein kleiner Tipp: Um die Zersetzung der Schwarte zu beschleunigen, kann sie auch auf dem Komposthaufen vergraben werden. Nach ca. 6–8 Wochen wird die Warze abfallen.

- Wem diese Methode zu mystisch ist, der kann auch versuchen, die Warzen mit **Salzwasser** zu behandeln. Besonders bei Warzen an Händen und Füßen kann man das leicht durch ein tägliches Bad machen.
- Auch das Beträufeln mit frischem **Schöllkrautsaft** hilft gut gegen Warzen.
- Ein Stück von einer **Bananenschale** über Nacht auf der Warze mit einem Pflaster fest machen. Das Ganze 2–3 Wochen wiederholen. Danach soll die Warze sich lösen. Immer wieder eine frische Bananenschale nehmen!
- Den weißen Saft aus den **Löwenzahnstängeln** auf die Warze reiben
- Eine frische Scheibe **Knoblauch** auf der Warze befestigen und 1 Woche später entfernen.
- Warze mit **Rotlicht** bestrahlen.
- **Ringelblumenblätter** 1 Woche lang in Essig ziehen lassen und die Warze bestreichen.
- Bittersalz und **Apfelessig** im Verhältnis 1:4 verrühren und die Warze mehrmals täglich abtupfen.
- Die Warze mit **Leinöl** einreiben.
- Ein Stück Zwiebel mit 1 Tropfen Bienenhonig bestreichen und auf die Warze legen. Täglich wiederholen. Nach ca 6–10 Tagen wird die Warze weich und kann abgezogen werden.

Zahnschmerzen

- Generell sollte man bei Zahnschmerzen immer den Zahnarzt aufsuchen!
- Getrocknete **Rosmarinblätter** kauen.
- Etwas Watte mit **Nelkenöl** tränken und dieses fest an die Stelle des Kiefers mit dem schmerzenden Zahn drücken.
- Eine **Gewürznelke** zwischen die schmerzenden Zähne stecken.
- Etwas **Steinklee** mit ½ Liter heißem Wasser übergießen, ziehen lassen, abseihen und damit mehrmals am Tag gurgeln.
- Ein klein wenig geriebene **Kreide** in das Nasenloch der schmerzenden Seite ziehen. Es hilft – warum, weiß niemand.
- Bei Entzündungen: 200 g **Zwiebeln** in 1 Liter Wasser 10 Minuten kochen. Damit regelmäßig Mundspülungen machen.
- Spülen mit **Johannisbeersaft** lindert Zahnfleischbluten.
- Frische **Pflaumen** essen ist gut für gesunde Zähne.
- **Nelkenöl** auf ein Wattestäbchen geben und auf den Zahn tupfen. Das Öl mindert vorübergehend den Schmerz.
- Möglichst frische **Kamille** etwas zerkleinern und in ein kleines Päckchen aus Verbandsmull einlegen. Dieses Päckchen nun kalt oder warm anfeuchten und an die schmerzende Stelle zwischen Kiefer und Wange legen.
- 1 **Zwiebel** würfeln, in ein Taschentuch geben, zerdrücken und auf die Wange legen.
- Gegen Zahnbelag hilft es, mit einer zerdrückten **Erdbeere** die Zähne zu putzen.

Und noch zwei Tipps …

- Eingewachsene Nägel mit einem ölgetränkten Tuch umwickeln und dieses über Nacht einwirken lassen. Am nächsten Tag ist der Nagel weich, und man kann ihn bequem abschneiden.
- Gegen Gelenkschmerzen: Ein **Wirsingkohlblatt** auswalken, bis der Saft austritt, dieses um das Gelenk legen, mit Frischhaltefolie umwickeln und über Nacht einwirken lassen. Der enthaltene Schwefel lindert die Schmerzen.

Adressen, die Ihnen weiterhelfen

Hex'n Ladl
Claudia Költringer
Hauptstraße 24
A-5201 Seekirchen am Wallersee
Österreich
Tel. +43/676-73 96 616
oder unter
www.hexnladl.com

Kräutergärtnereien

Deutschland

Gärtnerei Rühlemann's
Kräuter & Duftpflanzen
Auf dem Berg 2
27367 Horstedt
www.kraeuter-und-duftpflanzen.de

Syringa
Duftpflanzen und Kräuter
Bachstraße 7
78247 Hilzingen-Binningen
www.syringa-samen.de

Blumenschule
Rainer Engler
Augsburger Str. 62
86956 Schongau
www.blumenschule.de

Gärtnerhof Holzhausen – Bio-Kräuter
Ilka und Andreas Storch
Schulstraße 48
99310 Holzhausen
www.gaertnerhof-holzhausen.de

Österreich

Pflanzenland Praskac
Praskacstr. 101-108
A-3430 Tulln
www.praskac.at

Stauden Feldweber
A-4974 Ort im Innkreis 139
www.feldweber.com

Gartenbau Wagner
Vulkanland-Schaugarten
Gutendorf 36
A-8353 Kapfenstein
www.gartenbauwagner.at

Schweiz

FREI Weinland-Stauden
Breitestraße 5
CH-8465 Wildensbuch
www.frei-weinlandstauden.ch
Staudengärtnerei Hansuli Friedrich
CH-8476 Stammheim
www.friedrich.ch

Alte Kräutersorten

Deutschland

Dreschflegel-Versand
Postfach 1213
37202 Witzenhausen
www.dreschflegel-saatgut.de

Magic Garden Seeds
Andreas Fái-Pozsár
Moritzstraße 1
34127 Kassel
www.magicgardenseeds.de

Österreich

ARCHE NOAH
Obere Straße 40
A-3553 Schloß Schiltern
www.arche-noah.at

Naturkosmetik selbst gemacht

Hier erhalten Sie alle Zutaten:

Deutschland

Ätherische Öle Versand
Oranna und Otto Schmitz
Klosterstr.19
66687 Wadern
www.aetherische-oele-versand.de

Österreich

Kosmetikmacherei
Petra Doleschalek
Florianigasse 75
A-1080 Wien
www.kosmetikmacherei.at

Seifenoase Martina Bach
Hauptstrasse 30
A-3720 Ravelsbach
www.seifenoase.at

Art of Beauty
Hitzenberger Veronika
Dr. Salzmann-Str. 8-10
A-4600 Wels
www.art-of-beauty.at

Das wär' doch mal was …

Interessante Reiseziele im Themenzusammenhang:

Abtswinder Kräuter-Gewürz-Teeladen im Museum Kaulfuss
Ebracher Gasse 11-13
D-97355 Abtswind
www.abtswinder-kraeuterteeladen.de
(Sehen, riechen, fühlen – Lernen Sie Wissenswertes und Originelles rund um Gewürze, Kräuter, Tee und Kaffee kennen – im größten privaten Gewürzmuseum der Welt! Das Museum Kaulfuss im idyllischen Maindreieck ist ein wahres Königreich der Sinne.)

Ideal für Familien mit Kindern …

BIO-BENGELCHEN KRÄUTERDORF beim SONNENTOR Kräuter-Sinnes-Erlebnis
Sprögnitz 10
A-3910 Zwettl
www.sonnentor.at
(»Spiel mit uns und entdeck' die Geheimnisse der Kräuter!« Auf mehr als 6.000 m² können Kinder und Jugendliche auf Entdeckungsreisen gehen und die grünen Fitmacher mit allen Sinnen erforschen. In den Naschgärten ist Kosten erlaubt und jeder darf verschiedene Obstsorten und Kräuter genießen; an verschiedenen Erlebnisstationen (Duftklavier, Kräuter-ABC, Teepflanzen-Memo, …) kann man die Geheimnisse der Kräuter entdecken und es gibt viel Platz zum Spielen.)

Literatur

Tipps für Hobbygärtner:

»Steirischer Mandlkalender«: Leykam alpina GmbH, Ankerstr. 4, 8054 Graz, www.leykamalpina.com

Davidis, Henriette: Der Küchen- und Blumengarten für Hausfrauen, Verlag von J. Bädeker, Iserlohn, 11. Auflage, 1877

Der Nutzgarten klug angelegt und bewirtschaftet, Universalverlag W. Vobach, Berlin – Leipzig, 9. Auflage, 1941

Franck, Gertrud: Gesunder Garten durch Mischkultur, Südwest Verlag, München 1991

Göschke, Friedrich: Der Hausgarten auf dem Lande, Verlag Hugo Voigt, Leipzig 1899

Kreuter, Marie-Luise: Der Bio-Garten, BLV Buchverlag, München, 24. Auflage, 2009

Künzle, Johann: Das große Kräuterheilbuch, Otto Walter Verlag, unveränderter Nachdruck der Erstausgabe von 1945, Olten 1980

Ploberger, Karl: Der Garten für intelligente Faule, Ulmer Verlag, Stuttgart 2005

Richberg, Inga-Maria: Altes Gärtnerwissen wieder entdeckt. BLV Buchverlag, München, 9. Auflage, 2010

Register

Zahlen mit * verweisen auf Abbildungen

Über die Autorin

Claudia Költringer stammt aus einer kräuterkundigen Familie und ist in Österreich durch zahlreiche Zeitungs-, Zeitschriften- und Hörfunkbeiträge (ORF, Radio Salzburg etc.) sowie durch ihr »Hex'n Ladl«, in dem sie seit nunmehr 6 Jahren eigene Kräuter- und diverse Naturprodukte verkauft, bekannt. Sie betreibt dazu einen großen Kräutergarten, aus dem die Kräuter für eine Vielzahl ihrer Produkte stammen. Außerdem bietet sie Kräuterwanderungen, Kurse (z. B. Naturkosmetik selbst gemacht) und Vorträge zum Thema Kräuter an.

Weitere Informationen unter: www.hexnladl.com

Bildnachweis

akg images: 15, 16, 18, 19u, 20
Borstell: 4, 5, 6, 8, 10, 12, 13o, 14, 26, 31, 32, 34, 40, 46, 48, 57r, 60, 61, 64u, 76, 78, 94, 102, 103, 106, 111, 114, 115, 148u, 151
Bross-Burkhardt: 25, 42u, 57l
Diez, Ottmar/ Stockfood: 128
Fischer: 73
Hagen: 83
Hrbková, Alena/ Stockfood: 142
Költringer: 24, 28o, 28u, 88, 89, 90, 91, 95, 96, 97, 101, 104, 110, 112o, 112u, 116o, 117, 121, 122, 124, 126o, 132, 134, 137u, 138, 141, 146o, 146u
Krieg, R./Stockfood: 143
Laux: 21, 29, 30, 51o, 53u, 66, 67, 68u, 74, 75, 84, 145, 148o
Maas, Rita/Stockfood: 7, 127
Pforr: 53o, 54, 59, 69, 85o, 116u
Pott: 22
Redeleit: 7, 13u, 86, 107, 118, 147
Reinhard: 6, 36, 44u, 50l, 50r, 52, 56, 68o, 70l, 70r, 72, 77, 81, 82o, 82u, 87, 98, 100, 105, 108, 109, 113, 120, 125, 126u, 137o, 136, 144, 150o, 150u, 152, 153
Seidl: 4, 49, 51u, 55, 62l, 62r, 65, 80u, 42o, 44r, 58, 63
Strauß: 1, 2/3, 37, 38
Teubner Foodfoto/ Stockfood: 135
Willner: 5, 23, 43, 64o, 71, 80o, 85u, 92

S. 17 aus »Von der gesunden Lebensweise. Nach dem alten Hausbuch der Familie Cerruti« BLV Verlagsgesellschaft 1985, München, Wien, Zürich

S. 19o aus »Lexicon Plantarum, Handschrift 604« Universitätsbibliothek München

Zeichnungen: Sylvia Bespaluk

3., durchgesehene Auflage, Neuausgabe

Bibliografische Information Der Deutschen Nationalbibliothek

Die Deutsche Nationalbibliothek verzeichnet diese Publikation in der Deutschen Nationalbibliografie; detaillierte bibliografische Daten sind im Internet über http://dnb.d-nb.de abrufbar.

BLV Buchverlag GmbH & Co. KG
80797 München

Umschlagfotos: Garden Picture Library/James Guilliam (Vorderseite), Reinhard (Rückseite)

Lektorat: Dr. Thomas Hagen, Christa Klus-Neufanger
Herstellung: Hannelore Diehl

Satz: Uhl + Massopust, Aalen

Printed in Germany
ISBN 978-3-8354-0628-5